DIETER FASSBENDER
MÜNZEN SAMMELN

W0055671

Dieter Faßbender

Münzen sammeln

Alle wichtigen Sammelgebiete –
alles was der Sammler wissen muss

Titelbild: Gedenkmünze 5 DM Germanisches Nationalmuseum
(Foto: Gerhard Schön, München)

Die Deutsche Bibliothek – CIP-Einheitsaufnahme:

Ein Titeldatensatz für diese Publikation ist bei
Der Deutschen Bibliothek erhältlich

Lektorat: Michael Schönberger
Umschlaggestaltung: S/L-Kommunikation, Wörthsee
Layout und DTP/Satz: Wilhelm Vornehm, München
Reproduktion: Wilhelm Vornehm, München
Druck und Bindung: Nørhaven Paperback A/S

2. Auflage 2002 BATTENBERG VERLAG
© Weltbild Ratgeber Verlage GmbH und Co. KG, München
Ein Unternehmen der Verlagsgruppe Droemer Weltbild
Gedruckt auf chlorfrei gebleichtem Papier
Printed in Denmark

ISBN 3-89441-526-6

www.battenberg.de

Inhalt

Vorwort

Münzensammeln war früher ein Privileg des Adels und der Geistlichkeit; heute ist es ein Hobby, das fast jedem Interessierten in
zivilisierten Ländern offen steht. Darum vergrößert sich die Zahl
der Münzsammler weltweit und die Preise für seltenere Münzen
steigen ständig.

Viele alte Münzen sind im Vergleich zu anderen Originalstücken
früherer Zeiten (wie Gemälde, Möbel, Teppiche, Skulpturen, Vasen,
Schmuck und anderes) erschwingliche Zeitdokumente. Römische
Münzen z. B. werden täglich bei Ausgrabungen im Mittelmeer-
raum und in Westeuropa gefunden. Die häufigeren Typen sind
nicht nur deshalb, sondern auch wegen ihrer großen Verbreitung
im römischen Reich gar nicht so teuer wie allgemein angenommen
wird.

Besonders aber die ausländischen Münzen des 19. und 20. Jahrhunderts sind meistens preiswert zu erwerben. So gibt es nicht
wenige Sammler, die mit bescheidenen Mitteln sehr schöne Mo-
tivsammlungen, z. B. von Schiffen, zusammengestellt und dann
weitere Sammelgebiete begonnen haben. Dabei entstehen viele
Fragen, die vorwiegend bei Beschaffung, Aufbewahrung und Reinigung von Münzen entstehen.

Darum möchte dieses Buch dem beginnenden und besonders
auch dem jungen Münzsammler helfen, Unklarheiten zu beseitigen, die häufigsten Fehler zu vermeiden und aus der Vielfalt des
Angebots das für ihn geeignete Sammelgebiet zu finden.

Eine Einführung in die Numismatik soll in erster Linie einen
Überblick verschaffen, die wichtigsten Kenntnisse vermitteln und
möglichst eingehend auf weiterführende Literatur hinweisen. Auf
die Zitierung von Spezialliteratur – nach Sammelgebieten geord-
net – wurde besonderer Wert gelegt, da die gesamte Fülle des
Literaturangebots schwer überschaubar ist.

In den Abschnitten Aufbewahrung, Versicherung und Fotografie
von Münzen kann auch der fortgeschrittene Sammler verwertbare
Hinweise finden.

Wie unterscheiden sich Münzen von Medaillen?

Münzen

Münzen – besonders Gedenkmünzen – werden oft mit Medaillen verwechselt. Unter dem Begriff »Münze« versteht man ein als Geld dienendes, vom Staat durch Stempelung auf Gewicht und Gehalt garantiertes Stück Metall mit Angabe eines Nominalwertes. Außer der Wertangabe muss die Münze den Namen des Ausgabelandes und das Prägejahr aufweisen.

Bei Münzen aus früheren Jahrhunderten kann die Jahreszahl und manchmal auch der Wert fehlen.

Der Unterschied zur Medaille ist bei Münzen seit 1800 relativ leicht feststellbar.

Vom 15. bis 18. Jahrhundert wurden vereinzelt »medaillenförmige Taler« oder auch »talerförmige Medaillen« geprägt. Hier gibt es Unsicherheiten, die sogar alte Numismatiker in Verlegenheit bringen können.

In Zweifelsfällen helfen Unterschiedsmerkmale, die oft oder meistens zutreffen, z. B. weisen Medaillen ein auffallend hohes Relief gegenüber den Münzen der gleichen Zeit auf. Zwei andere Merkmale: Renaissance-Medaillen sind oft von einem stark ausgeprägten Reif umrahmt, gleichaltrige Münzen dagegen nur mit einem dünnen Fadenreif. Auch Laubverzierungen am Rand weisen eindeutig auf Münzcharakter hin.

Münzen sind zeitlich begrenzte Zahlungsversprechen eines Staates (früher eines Herrschers oder einer Stadt).

Medaillen

Mit dem Wort »Medaglia« hat man in Italien im 12. und 13. Jahrhundert antike Münzen und andere alte, nicht mehr kursfähige Münzen bezeichnet. Dem Wort »Medaille« haftet so von Anbeginn das Kennzeichen an, dass damit kein umlauffähiges Geld gemeint ist. Im heutigen Sinne ist und war eine Medaille nie Zahlungsmittel.

Medaillen wurden vom 14. bis ins 16. Jahrhundert fast nur gegossen. Das bevorzugte Material war Bronze, später Gold, Silber, Blei und Zinn. Die ersten Prägemedaillen entstanden um die Mitte des 16. Jahrhunderts in Augsburg, nachdem eine neue Prägetechnik entwickelt wurde.

Als Spiegel von Kunst, Kultur und Geschichte hat die Medaille den Zweck, die Erinnerung an eine Persönlichkeit oder ein besonderes Ereignis festzuhalten.

Im Gegensatz zu früher werden heute relativ wenige künstlerisch wertvolle Medaillen hergestellt.

FAO-Medaille des Jahres 1975 anläßlich der Aktion »Welthungerhilfe«, Bronze: 63 mm Ø, Gold: 22 mm Ø

Beginnenden Medaillensammlern wird wegen der optimalen Beratung die Mitgliedschaft in der nachfolgend genannten Organisation empfohlen:

– Gesellschaft der Deutschen Medaillenfreunde e. V., zu Hd. von Frau G. Wimmelmann, Hausmannstr. 1, 30159 Hannover.

Medaillenähnliche Prägungen

Marken, auch Wertmarken oder engl. Token genannt, sind nichtstaatliche Prägungen (von Kirchen, Banken, Behörden oder großen Firmen), die anstelle von Kursmünzen ausgegeben werden, um später gegen Naturalleistungen oder auch gegen amtliches Geld eingelöst zu werden.

Marken haben nur einen begrenzten lokalen Gültigkeitsbereich, z. B. als Eintritts-, Spenden-, Bezugs-, Erkennungs-, Kontroll- oder Berechtigungsmarken. Spielmarken sind als Geldersatz seit der Antike bekannt. In vielen Städten gab es in diesem Jahrhundert Gas- und Straßenbahnmarken. Heute werden noch oft Kantinen-, Kellner-, Bier- und Automatenmarken verwendet.

Auswerfen von Münzen in Augsburg anläßlich der Krönung Josephs I. zum Römischen König 1690.

Jetons (von französ. jeter = werfen), zu besonderen Anlässen (z. B. Krönungen, Fürstenhochzeiten usw.) ins Volk geworfene Scheinmünzen, auch Auswurfmünzen genannt. In Spielkasinos werden die Spielmarken ebenfalls als Jetons bezeichnet.

Plaketten (französ. = kleine Metallplatten), einseitige, meist eckige Kleinreliefs oder Abzeichen (zur Erinnerung an Veranstaltungen wie Ausstellungen, sportliche Wettbewerbe, Kirchentage usw.). Von großem Format gibt es auch runde Plaketten, die aber stets einseitig gestaltet sind.

Wie unterscheiden sich Kurs-, Gedenk-, Pseudo-, Sonder- und Handelsmünzen?

Für den beginnenden Münzsammler ist es sehr wichtig, echte Münzen von sammelunwürdigen Geprägen im Zuckerbäckerstil zu unterscheiden; das bedeutet im Besonderen Kursmünzen von Pseudomünzen zu trennen. Dabei mögen folgende Erläuterungen helfen:

Kursmünzen, von einem Staat mit Münzberechtigung herausgegeben und mit dem Nominalwert über Banken in Umlauf gebracht, dienen der Bevölkerung des betreffenden Landes als gesetzliches Zahlungsmittel. Hiermit sind normalerweise nur die Umlaufmünzen des täglichen Zahlungsverkehrs gemeint, in einigen Ländern können auch Gedenkmünzen dazu gezählt werden. Diese Gedenkmünzen werden meist dem Umlauf entzogen; das ändert aber nichts am Kursmünzencharakter – sie bleiben so lange gesetzliches Zahlungsmittel, bis sie außer Kurs gesetzt werden. Das trifft z. B. auf die Gedenkmünzen der Bundesrepublik Deutschland, Österreichs und der Schweiz zu.

Pseudomünzen sind von vielen Staaten als gesetzliche Zahlungsmittel deklarierte Münzen, die nicht in den Geldumlauf geraten, sondern ausschließlich mit Aufpreisen über Nominalwert an Sammler verkauft werden, z. B. Russland, Frankreich und Kanada.

Manche Pseudomünzen werden nur in der Erhaltung »Polierte Platte« hergestellt, d. h. nicht für den Umlauf vorgesehen. Einige Staaten lassen Pseudomünzen im Ausland prägen und von dort in alle Welt vertreiben; diese »Münzen« erscheinen oft erst viel später im Ausgabeland – und dann nur als Sammelobjekte.

Es gibt sogar Staaten, die Pseudomünzen ausgaben, deren Besitz im eigenen Land verboten war (Goldmünzen einiger Ostblockländer oder von Chile).

Auch die Goldmünzen der letzten Jahrzehnte sind Pseudomünzen, da es seit langem in keinem Land der Welt mehr eine reine Goldumlaufwährung gibt.

Der Begriff »Pseudomünze« wurde in den letzten Jahren mehrfach verschieden interpretiert. So galten 1969 nach Ansicht der

AINP (Association Internationale des Numismates Professionelles) nur folgende Prägungen als Pseudomünzen:

1. »Münzen«, die ohne offizielle Genehmigung des Staates oder Landes geschlagen sind (z. B. Burundi).
2. »Münzen«, die ein Land geprägt und autorisiert hat, das keine Münzberechtigung hat (z. B. Lundy Island, Westsahara).
3. »Münzen« von Körperschaften, die nicht den Status eines Landes haben (z. B. Malteserorden).

Diese Prägungen gelten als Fantasiemünzen.

Inzwischen hat sich die Bezeichnung Pseudomünzen für alle »Münzen« durchgesetzt, die keine Geldfunktion erfüllen.

Sondermünzen oder Sonderanfertigungen in Polierter Platte oder Spiegelglanz werden sowohl von Kurs- wie von Pseudomünzen hergestellt. Die Sonderprägungen von Kursmünzen werden zwar mit Aufpreisen (Pseudocharakter) vertrieben, sind aber notfalls als Kursmünzen verwendbar.

Handelsmünzen waren frühere Prägungen, die im Welthandel eine wichtige Rolle spielten: Florene, Dukaten, Taler (besonders Levantetaler) und Trade Dollars.

Bei modernen Prägungen sieht man inzwischen vom Begriff Handelsmünzen ab, da er wegen ungenauer Abgrenzung zum Begriff Pseudomünzen nur irritiert.

Welche Münzen sammeln?

Schon im Altertum zeigen sich Spuren einer wissenschaftlichen Beachtung von Münzen; so berichtet der römische Geschichtsschreiber Sueton (70–140 n. Chr.), dass Kaiser Augustus bei festlichen Anlässen »alte königliche und ausländische Münzen« verschenkte.

Die eigentliche ernsthafte Beschäftigung mit antiken Münzen beginnt mit dem Wiederaufleben der klassischen Wissenschaften im 14. und 15. Jahrhundert. So ist bekannt, dass der italienische Dichter Petrarca (1304–1374) wohl eine der ersten Sammlungen antiker Münzen besaß.

Der zu Ende des 15. Jahrhunderts lebende Bischof Stefan Mathias von Neidenburg wird von Grunau in seiner »Preußischen Chronik« wie folgt beschrieben: »Der Bischof saß auf seinem Schloss zu Löbau und besah die fremde und seltsame Münze, die er hatte; man sagte von ihm, dass er sich beflissen hätte, aller Länder Münzen zu haben.«

Ein reges Sammeln von Münzen und Medaillen kann man dem Nürnberger Ratsentscheid vom 22. August 1527 entnehmen, in dem die Versteuerung von Sammelstücken vorgeschlagen und beschlossen wird. Es heißt da: »... das die seltzam montz oder medeien, so eyner zu seinem gefallen hat, nit sollen für cleynot, sondern für barschaft geacht und verlosungt werden.«

1571 erwarb Herzog Albrecht V. von Hans Jakob Fugger eine umfangreiche Sammlung antiker Münzen, die den Grundstock für eine der ältesten heute noch bestehenden öffentlichen Sammlungen bildete: Die Staatliche Münzsammlung München.

Wer heute mit dem Münzensammeln beginnt, hält sich meist zunächst an das, was leicht erreichbar ist. Besonders der Anfänger sollte sich allgemein einen Überblick verschaffen, solange es nicht zu aufwändig wird. Viele Münzensammler begannen so und legten sich erst später auf ein oder mehrere Gebiete fest. Das kann wohl zu unnötigen Ausgaben für ein »Sammelsurium« führen. Wie soll aber ein Anfänger erfahren, was es gibt, wie testen, in welcher Richtung einmal seine besonderen Interessen sich entwickeln? Der Zeitpunkt zur Systematisierung und Thematisierung kommt umso früher, je mehr man sich intensiv und umfassend orientiert. Dabei können die allgemeine Münzliteratur oder eine Mitgliedschaft in einem Münzsammlerverein wertvolle Helfer sein.

Ein wichtiger Entschluss ist die Entscheidung, ob man eine Querschnittsammlung oder eine Spezialsammlung anstrebt.

Die Querschnittsammlung (Generalsammlung)

Dieses »Bilderbuch der Weltgeschichte« begeistert nicht nur Geschichtsfreunde! Aber die richtige Münzenauswahl aus allen wichtigen Epochen der fast 2700-jährigen Geschichte des Münzwesens ist nicht leicht.

Eine Vollständigkeit ist nie zu erreichen, da weit mehr als eine Million verschiedene Münztypen bekannt sind.

Darum sind schöne und möglichst typische Exemplare (z. B. bedeutende Herrscher) auszuwählen. Es soll aber nicht verschwiegen werden, dass manche dieser Zeitdokumente teuer sind.

Wir beginnen mit den griechischen Münzen der Antike, beispielsweise die Schildkröte von Aegina, Eule von Athen, Delphine von Thera, Löwen von Lesbos/Samos und Pegasos von Korinth.

Es folgen die Römer, vorab die römische Republik. Einige Exemplare des Schwergeldes (aes grave) sowie frühe Didrachmen und Denare gehören in diese Abteilung. Aus der römischen Kaiserzeit bieten sich viele Porträtmünzen von Augustus bis zu Konstantin dem Großen an. Empfehlenswert (je nach finanziellen Mitteln) ist eine Aufzählung der bedeutendsten Nominale des Kaiserreichs: Aureus, Denarius, Sesterz, Dupondius und As. Entsprechend der verschiedenen Münzreformen folgen Antonian, Solidus, Follis, Siliqua, Argenteus, Centennionalis, Milliarense. Einige römische Kolonialprägungen (Alexandriner) runden die acht Jahrhunderte römischer Geschichte ab.

Von den Randkulturen ist mindestens je ein Belegexemplar zu beschaffen: Kelten, West- und Ostgoten sowie Vandalen und Merowinger.

In einer kleinen byzantinischen Münzenserie sind die ersten christlichen Symbole zu erkennen.

Aus dem Frankenreich Karls des Großen wäre ein karolingischer Denar repräsentativ sowie einige deutsche Pfennige und französische Deniers. Einen besonders ansprechenden Teil bekommt die Querschnittsammlung mit den mittelalterlichen Brakteaten (Hohlpfennige). Den Abschluss des Mittelalters bilden einige der im 13. Jahrhundert neu entstandenen Nominale: Heller, Groschen und Kreuzer.

Der Joachimsthaler Groschen der böhmischen Grafen Schlick verlieh mit seiner Kurzbezeichnung »Thaler« den beliebtesten Münzen der Neuzeit seinen Namen (1520).

Auch im Ausland wurden Währungsbezeichnungen daraus abgeleitet, z. B. Dollar, der damit im soeben eroberten Mexiko als Erste in der Neuen Welt geprägte Münze seinen Namen erhielt.

Die Generalsammlung wird durch Taler und Teilstücke (bzw. entsprechende Währungen) aus ganz Europa vom 16. bis zum 20. Jahrhundert abgerundet. Dabei können Münzen aus den Erdteilen Afrika, Amerika und Australien einbezogen werden. Die Münzen Asiens müssten in einer besonderen Querschnittsammlung – beginnend bei chinesischen und persischen Münzen – erfasst werden.

Mit dem wachsenden Umfang einer Generalsammlung lassen sich auch geschichtliche Zusammenhänge erkennen. Die Freude an einer solchen Sammlung ist viel größer, als wenn man sich damit begnügt, in einem weit verbreiteten Katalog für Seriensammler wieder einen Haken mehr anzubringen.

Die Spezialsammlung

Wer sich für die Spezialsammlung entschließt, steht besonders bei den Münzen dieses und des vorigen Jahrhunderts vor der Entscheidung »Serien- oder Typensammlung?«.

Besonders das in Deutschland beliebteste Sammelgebiet »Deutsche Reichsmünzen seit 1871« spaltet das Lager der Sammler in zwei Teile. Dem Typensammler genügt es von jedem der 504 deutschen Münztypen und 137 DDR-Münzen ein Exemplar zu sammeln.

Die Seriensammler versuchen, von jedem Jahrgang und jedem Münzzeichen (Kenn-Buchstaben der Prägestätte) ein Stück zu sammeln das sind ca. 5100 verschiedene deutsche Münzen seit 1871. Das erweist sich schon bei den Kleinmünzen der Jahrgänge 1873 bis 1919 als problematisch. Von 8 Typen (Jae. 1, 10–13, 16–17) gibt es 843 Münzen mit verschiedenen Jahrgängen und Münzzeichen (darunter ein Pfennigstück – 1877 B –, das unter € 500,– nicht erhältlich ist).

Eine Komplettierung dieses Sammelgebietes ist sogar für den Typensammler fast unmöglich, da die teuerste deutsche Münze seit 1871 z. Zt. (2002) ca. € 70 000,– kostet (Sachsen, 3 Mark 1917), die zweitteuerste ist mit ca. € 30 000,– (Bayern 3 Mark 1918) auch kaum zu bezahlen.

Sachsen, 3 Mark 1917 E, 33 mm Ø, Reformationsjubiläum (1517–1917)

Nur bei deutschen Teilgebieten kann man auch als Seriensammler Komplettierung erreichen (falls dies überhaupt erwünscht ist!), z. B. die Bereiche »Weimarer Republik«, »Drittes Reich« oder »Bundesrepublik Deutschland«.

Für Seriensammler bieten sich aber auch andere Sammelgebiete an: Deutschland von 1806–1871, deutsche Einzelstaaten wie Bayern, Sachsen, Preußen, Hessen usw., die Cents der USA, britische Farthings oder Pennys oder auch europäische Ländersammlungen.

Typensammlungen werden eingehend im nächsten Kapitel »Welche Sammelgebiete?« besprochen.

Welche Sammelgebiete?

Deutschland von 1871 bis heute

Es ist nahe liegend, dass die Münzen des eigenen Landes bevorzugt gesammelt werden. Manche Sammler erhalten von Eltern, Verwandten oder Bekannten den Grundstock für eine Sammlung geschenkt: Jahrelang in Schubläden oder Kästen verwahrte Münzen des Kaiserreichs, der Weimarer Republik oder des Dritten Reiches. Aber auch im Handel innerhalb der Bundesrepublik Deutschland werden in erster Linie deutsche Münzen angeboten.

In Verbindung mit einem guten Katalog ergibt sich für viele Sammler fast zwangsläufig das Sammelgebiet »Deutschland seit 1871«. Wer sich den Katalog von Kurt Jaeger anschafft, ist dann bestens ausgerüstet, um eine solche Sammlung zu verfolgen. In seinem Buch ist jeder Münztyp in Originalgröße und guter Qualität abgebildet und mit allen erforderlichen Daten ausgestattet: Durchmesser, Gewicht, Randschrift, Name des Gestalters, oft mit Tag der Ausgabe und der Außerkurssetzung.

Weiterhin sind die Prägezahlen und Verkaufspreise des Handels für zwei, manchmal drei Erhaltungsgrade je Jahrgang und Münzzeichen angegeben.

Die Zahl der ursprünglich ausgeprägten Münzen ist wohl oft bei der Bewertung ein entscheidender Faktor; aber nicht immer! So schätzen Fachleute, dass von den deutschen Münzen von 1871 bis 1932 folgende Prozentsätze als vorhandene Bestände anzusehen sind:

Ca. 70 % der Reichsgoldmünzen
Ca. 40 – 45 % der Gedenkmünzen aus der Kaiserzeit
Ca. 30 – 35 % der Gedenkmünzen aus der Weimarer Republik
Ca. 20 – 25 % der Silbermünzen zu 2, 3 und 5 Mark
Ca. 25 – 30 % der $^1/_2$ Mark- und 1 Markstücke

Ein Beispiel aus jüngster Zeit verdeutlicht dies noch mehr: Von den Max-Planck-Zweimarkstücken wurden von 1957 bis 1971 über

271 Millionen Exemplare geprägt und ausgegeben. Nach Ablauf der Umtauschfrist stellte man fest, dass 43,4 Millionen Stücke nicht zurückgegeben wurden (= 16%).

Wieviel noch in Sammlerhänden sind oder im Laufe der Jahre verloren gingen, weiß niemand. Wenn von den ungeklärten 16% nur 1% in Sammlungen oder Spekulationsschubladen liegen, so sind das immerhin 2,7 Millionen Stück!

Die im Katalog angegebenen Prägezahlen verraten also nichts über die noch wirklich vorhandenen Münzen und das allein ist bei der Bewertung entscheidend!

Bis Ende 1989 ignorierten die meisten Deutschlandsammler DDR-Münzen. Der durch die Wiedervereinigung Deutschlands explosive Wertanstieg der DDR-Münzen machte sie dann aber zu begehrten Sammelstücken. Nachdem die Spekulanten aus dem DDR-Münzgeschäft wieder ausgestiegen sind, sind die Händlerpreise für DDR-Münzen auf realistische Werte abgesunken. Die Münzen der Bundesrepublik Deutschland werden oft nach Jahrgängen und Münzzeichen gesammelt.

Die fünf deutschen Prägeanstalten sind mit folgenden Münzzeichen auf jeder deutschen Münze erkennbar: A = Berlin / D = München / F = Stuttgart / G = Karlsruhe / J = Hamburg.

Die Gedenkmünzen Deutschlands werden abwechselnd von nur einer Prägeanstalt hergestellt, die der Bundesrepublik von 1952 bis 1990 mit den Münzzeichen D, F, G und J, die der DDR mit A.

Ab 1991 prägt die Münzstätte Berlin neben Kursmünzen auch Gedenkmünzen der Bundesrepublik mit dem Münzzeichen A.

Von 1948 bis 2001 sind in der Bundesrepublik bei vier bzw. fünf Münzzeichen je Jahrgang insgesamt 1731 verschiedene Münzen emittiert worden. Dazu kommen ab 2002 jährlich 40 Umlaufmünzen und fünf Gedenkmünzen.

Prägefrische Münzen der Bundesrepublik können oft aus dem normalen Umlauf abgezweigt werden. Trotz größter Aufmerksamkeit gelingt es aber nicht immer, auf diesem Wege alle Münzzeichen jeder prägefrischen Umlaufmünze zu finden. Hier hilft oft ein Tausch mit Sammlerfreunden im Verein oder ein Kauf auf dem Postwege bei Inserenten in Münzzeitschriften. Manche

Münzhändler führen diese Münzen (mit Aufpreisen) in ihren Lagerlisten.

Der einfachste Weg, künftige Münzen der Bundesrepublik komplett zu erwerben, ist ein Abonnement bei der **Verkaufsstelle für Sammlermünzen der Bundesrepublik Deutschland, Postfach 1249, 61282 Bad Homburg v. d. H.** Bei dieser Stelle kann ein Auftragsformular angefordert werden, mit dem man den regelmäßigen Bezug in Spiegelglanz- oder in prägefrischer Ausführung bestellen kann. Die Vormerkung kann sowohl für Umlaufmünzensätze eines oder mehrerer Münzzeichen als auch für Gedenkmünzen erfolgen. Der komplette Satz Umlaufmünzen in Spiegelglanzqualität – verpackt in einer ansprechenden Klarsichtkassette – kostet ab 2002 € 18,– (prägefrischer Satz: € 9,–). Diese Preise erscheinen dem Anfänger oft überhöht. Es ist zu bedenken, dass z. B. die Herstellung in Spiegelglanzausführung nicht wie bei Normalprägung vollautomatisch erfolgt, sondern sehr langsam bei Maschinenbedienung von Hand unter Verwendung von sorgfältig ausgesuchten Münzplättchen.

Der Einstandspreis je Satz Spiegelglanzmünzen bei Direktbezug wirkt sogar niedrig, wenn man dem Satz später im Handel begegnet. So kosteten folgende Sätze im Handel im Mai 2002 (je Mzz.):

		€			€
1964	G	1200,–	1968	F	400,–
1965	F	2500,–		G	220,–
	G	150,–		J	500,–
1966	F	2500,–	1969–1973		90,–
	G	400,–	1995 je Mzz.		350,–
	J	700,–			
1967	F	550,–			
	G	300,–			
	J	650,–			

Bei der Verkaufsstelle für Sammlermünzen sind keine Gedenkoder Umlaufmünzen früherer Jahre erhältlich. Das Abonnement kann also nur mit dem laufenden Jahr begonnen werden. Die Münzen werden erst nach Bezahlung der Vorausrechnung zugesandt, im Allgemeinen erst einige Monate nach Erscheinen der Münzen einfacher Prägung.

Deutschland von 1806 bis 1871

Viele Reichsmünzensammler wenden sich diesem Sammelgebiet zu, wenn z. B. ihre Typensammlung seit 1871 fast komplett ist oder die Lücken der Münzzeichen und Jahrgänge nur sehr kostspielig auszufüllen sind. Manchem Sammler ist die Freude an den Reichsmünzen auch vergangen, nachdem die Preisentwicklung auf diesem Gebiet in den 70er-Jahren sehr hektisch war. Dieses Risiko geht er aber auch bei den deutschen Münzen vor der Reichsgründung ein, besonders bei den Talern und Talerteilstücken in der Erhaltung »vorzüglich«. Die durchaus bei den Münzen des 19. Jahrhunderts sammelnswerte Erhaltung »sehr schön« blieb im Allgemeinen von größeren Preissprüngen verschont. So sind noch viele deutsche Taler von 1806–1871 der Erhaltung »sehr schön« zu € 50,– bis 100,– erhältlich – eine Preislage, die für viele Kleinmünzen des Deutschen Reiches nicht ungewöhnlich ist.

Bayern, Geschichtstaler (Siegestaler), 1871, 33 mm Ø

Das Sammelgebiet Deutschland zwischen 1806 und 1871 besticht durch viele schöne Prägungen; es ist zeitlich begrenzt durch die Auflösung des »Heiligen Römischen Reiches Deutscher Nation« am 1. 8. 1806 und durch Gründung des Deutschen Reichs am 18. 1. 1871. Die wichtigsten deutschen Teilstaaten waren von 1806 bis 1871: Preußen, Bayern, Sachsen mit Herzogtümern, Württemberg, Baden, Hessen, Mecklenburg, Braunschweig und Hannover.

Ca. 2000 verschiedene Münztypen deuten die Vielfalt dieses Gebietes an. Der »Große deutsche Münzkatalog von 1800 bis 1871« (AKS) behandelt dieses Sammelgebiet sehr ausführlich.

Deutsche Münzern vor 1806

In vielen Auktionskatalogen werden die deutschen Münzen vor 1806 in drei Abteilungen gegliedert:

Münzen der Geistlichkeit,

Münzen der weltlichen Herren (alt- und neufürstliche Häuser) und Städtemünzen

Die wichtigsten Meilensteine in der deutschen Münzgeschichte von der Karolingerzeit bis zum Ende des Heiligen Römischen

Preußen, Friedrich II., der Große (1740–1786), Reichstaler 1751, Breslau, 39 mm Ø

Reiches im Jahr 1806 waren die Denare oder Pfennige Karls des Großen, die Hohlpfennige oder Brakteaten der Hohenstaufen, die Kölner Pfennige, die süddeutschen Heller, die den Tournosen nachgeahmten Groschen (besonders Meißner Groschen), die Kreuzer, die Goldgulden der rheinischen Kurfürsten, die Silbergulden und die daraus entstandenen Taler. In den Kapiteln »Münzen des Mittelalters« und »Taler« wird auf diese Sammelgebiete näher eingegangen.

Wegen der Vielfältigkeit der Münztypen aus fast einem Jahrtausend ist eine geographisch und zeitlich begrenzte Spezialsammlung unbedingt ratsam. So prägten zum Beispiel am Anfang des 13. Jahrhunderts im deutschen Raum über 300 Münzstätten im Auftrag von Mark- und Pfalzgrafen, Äbten und Bischöfen.

Wie in keinem anderen Sammelgebiet ist man hier auf Spezialliteratur angewiesen. Siehe Literaturverzeichnis am Schluss des Buches (S. 155 ff.).

Einzelne deutsche Länder, Städte, weltliche und geistliche Herren

Überschaubare Sammelgebiete sind die Münzen deutscher Königreiche, Herrscherhäuser oder Städte.

Naheliegend sind dabei immer die Münzen der Heimat, aber reizvoll sind auch andere Gebiete, zu denen man vielleicht eine besondere Beziehung hat. Wegen des relativ geringen Angebots ist eine solche Sammlung selten zu komplettieren; sie kann aber durch nachhaltiges jahre- oder sogar jahrzehntelanges Sammeln eine »einmalige« Kollektion werden. Dies trifft besonders bei kleinen Sammelgebieten wie bei Fürstentümern oder Städten zu.

Stadt Frankfurt, Taler 1772, 40 mm Ø

Aber auch die Münzen von Königreichen wie Preußen, Bayern oder Sachsen sind nicht alle im Handel erhältlich. So sind z. B. die Mün-

25

500 400 300 200 100 0 100 200 300 400 500 600 700 800 900 1000 1100 1200 1300 1400 1500 1600 1700 1800 1900 2000

Primitivgeld
Goldmünzen
Motivsammlung
Querschnittsammlung
Gedenkmünzen
Griechische Münzen
Römische Münzen
Keltische Münzen
Chinesische Käschs
Münzen der Seleukiden u. Parther
Sasanidische Münzen
Byzanthinische Münzen
Münzen der Völkerwanderung (Vandalen, Goten, Langobarden)
Pfennige
Groschen
Goldgulden
Dukaten
Heller
Kreuzer
Taler
Silbergulden
Notmünzen
Deutschland ab 1871

Sammelgebiete nach Zeiträumen

zen des »Soldatenkönigs« Friedrich Wilhelm I. von Preußen (1713–1740) so selten, dass viele Exemplare seit Jahren auf keiner Auktion mehr angeboten wurden.

Eine solche Sammlung sollte nicht nur Taler und Gulden enthalten, sondern auch alle Teilstücke wie z. B. $2/3$-, $1/2$-, $1/3$-, $1/4$-Taler oder -Gulden, auch Kleinmünzen wie Kreuzer, Heller und Pfennige.

Es ist bei diesem Sammelgebiet erforderlich, Kontakt mit möglichst vielen Händlern unter Angabe des Spezialbereiches aufzunehmen. Ebenso kann man durch Lesen von Fachzeitschriften sowie Besuche von Münzbörsen auf wenig angebotene, vielleicht lange gesuchte Münzen aufmerksam werden.

Österreich seit 1918 (Republik)

Die österreichischen Münzen seit 1918 sind in Deutschland die meistgesammelten ausländischen Münzen. Besonders die oft künstlerisch hervorragenden Motive der Gedenkmünzen trugen zur Beliebtheit dieses Sammelgebietes bei. Die Serie der Doppelschillinge von 1928 bis 1937 gehört neben der deutschen Serie aus der Weimarer Republik zu den ansprechendsten Gedenkmünzen des 20. Jahrhunderts. Die seit 1955 jährlich erschienenen Gedenkmünzen haben viele Touristen veranlasst, eine Münzsammlung zu beginnen, da die künstlerische Gestaltung allgemein geschätzt wurde und die Münzen für fast jeden erschwinglich waren. Die Ausprägung der 25-Schilling-Stücke wurde 1973 und die der 50-Schilling-Stücke 1978 zum Bedauern der Sammler eingestellt. Als dann aber 1979 auch die 100-Schilling-Stücke wenige Jahre nach ihrer Einführung letztmalig ausgeprägt und dafür 500-Schilling-Stücke eingeführt wurden, gab es viele Sammler, die diese Aufbesserung der Staatskasse nicht mehr mitmachen wollten, zumal diese teuren Münzen nicht nur mit ein oder zwei Stück, sondern mit vier Stück pro Jahr ausgegeben wurden. Viele Sammler verkauften ihre Österreich-Sammlung daraufhin.

Im 11. Jahrhundert ließen die Babenberger als österreichische Landesherren die ersten Münzen in Krems prägen. Den Kremser Pfennigen folgten im 12. Jahrhundert die Friesacher Pfennige im Süden Österreichs und die Wiener Pfennige im Norden des Landes. Im 13. Jahrhundert kamen die Grazer Pfennige als bedeutende Zahlungsmittel hinzu. Mit dem 15. Jahrhundert ging auch das Pfennigzeitalter Österreichs zu Ende. Die ersten großen datierten Silbermünzen waren der 1/2 Guldengroschen von 1484 und der Guldengroschen von 1486 (von Herzog Sigismund emittiert). Seit dem 16. Jahrhundert gehörten zur habsburgischen Monarchie Böhmen und ein Teil Ungarns. In dieser Zeit setzte sich der Taler durch, dessen bekanntester Typ der Maria-Theresia-Taler von 1780 wurde. Von dieser Münze wurden in über 200 Jahren 400 Millionen Exemplare geprägt und ausgegeben – eine Prägezahl, die keine andere Silbermünze erreicht.

Haus Habsburg, Ferdinand III. (1637–1658), Taler 1657, 45 mm Ø

Der Maria-Theresia-Taler war in Österreich bis 1858 gesetzliches Zahlungsmittel, er blieb auch danach noch im Umlauf – bis 1892, als die neue österreichisch-ungarische Währung eingeführt wurde. Als Levantetaler war er in Afrika von Algier über Abessinien bis Madagaskar ein beliebtes Zahlungsmittel, in einzelnen Gegenden sogar das Einzige von der Bevölkerung akzeptierte Geld. Aber auch in Arabien, im Nahen Osten und sogar in China zirkulierte der Taler teilweise bis zum Ende des Zweiten Weltkrieges.

Nach dem Tode Maria-Theresias (1780) wurden bis 1918 (Ende des Kaiserreichs) in der österreichisch-ungarischen Monarchie 418 Münztypen herausgegeben, davon 94 Goldmünzen – ein beliebtes Sammelgebiet.

Maria-Theresia-Taler 1780 (Neuprägung), 40,5 mm Ø
S.F. = Entwurf von Schöbel-Faby

Gedenkmünzen

Gedenkmünzen, früher auch Jubiläums- oder Denkmünzen genannt, sollen als Zahlungsmittel an bestimmte wichtige Ereignisse oder bedeutende Persönlichkeiten erinnern. Der Anlass zur Ausgabe von Gedenkmünzen muss aus der Prägung in Wort oder Bild erkennbar sein.

Schon in der Antike gelang es verschiedenen Landesherren die Münzen als Kommunikationsmittel einzusetzen, um die Kunde von den auf ihnen dargestellten Ereignissen zu verbreiten. So ließen die Römer viele Denare aus der Zeit der Republik, besonders aber aus der Kaiserzeit, mit historischen Darstellungen oder Inschriften prägen. Als typisches Beispiel seien die JUDAEA CAPTA-Münzen des Titus erwähnt. Diese Münzen wurden nach der Niederwerfung des aufständischen Judäa jahrzehntelang geprägt; sie zeigen das unglückliche Land als verzweifelte Frauengestalt, gebeugt und gefesselt unter einer Palme.

*Vespasian, 69–79 n. Chr., Großbronze auf die Niederwerfung der
aufständischen Juden (Judaea capta = gefangenes Judäa) 31 mm Ø*

Auch im Mittelalter wurde nicht darauf verzichtet, im Volk auf
diese Art und Weise historische Geschehnisse wach zu halten. In
großer Zahl erscheinen die Gedenkmünzen aber erst seit dem
16. Jahrhundert. In einem Aufsatz über deutsche Gedenkmünzen
zählt Winfried Zacharias die verschiedensten Arten von Denkmünzen auf: Geburtstags-, Krönungs-, Hochzeits-, Jubiläums-,
Sterbe-, Begräbnis-, Ausbeute-, Flussgold-, Friedens-, Geschenk-,
Huldigungs-, Jagd-, Reformations-, Reise-, Schiffs-, Sedisvakanz-
und Siegesmünzen als Taler und Dukaten, aber auch in kleineren
Nennwerten bis zum Dreier und Kreuzer hinab.

Weitere Anlässe waren Ereignisse der Reformationszeit. Erwer-
bungen neuer Gebiete, Vereinigungen von Fürstentümern, Belagerungen und Eroberungen von Städten, Münzbesuche, Grundstein-
legung oder Fertigstellung berühmter Bauten sowie Staats- und
Städtegründungen.

Im 19. Jahrhundert wurde den bayerischen Geschichtstalern
große Bedeutung nicht nur seitens des Staates und des Königshau-
ses beigemessen. Auch die Siegestaler von 1871 der Königreiche
Bayern, Preußen, Sachsen und Württemberg sowie der Stadt Bremen erfreuten sich allgemeiner Beliebtheit.

Nach der Gründung des Deutschen Reichs wurden erst im Jahre
1900 Gedenkmünzen im Werte von 2 und 5 Mark – ab 1908 auch
von 3 Mark – ausgegeben. Diese Gedenkmünzen der Kaiserzeit sowie die der Weimarer Republik, des Dritten Reiches, der Bundes-

republik und teilweise der DDR sind der Schmuck der deutschen Münzensammlungen.

Im Ausland ist die Gedenkmünze nicht weniger beliebt. Die Schützenfeste der Schweiz wurden schon seit dem 16. Jahrhundert auf Schützentalern und Klippen festgehalten. Ebenfalls gern gesammelt werden die Gedenkmünzen Österreichs, Dänemarks, Schwedens und Finnlands.

In außereuropäischen Ländern gibt es viele Gedenkmünzen, die den Unabhängigkeitstag oder die erste Besiedlung durch Europäer feiern.

Die Sammlung nordamerikanischer Gedenkmünzen repräsentiert einen eindrucksvollen Querschnitt durch die Geschichte der USA.

Die Gedenkprägungen Israels gelten bei vielen Sammlern als die schönsten modernen Prägungen.

Das wohl älteste Jubiläum wurde 1957 auf zwei Münzen Ceylons festgehalten: Der 2500. Geburtstag Gauthama Buddhas.

Kleinmünzen

Kleinmünzen sind Münzen für niedrige Währungseinheiten.

In der Antike waren es der griechische Obol und dessen Teilstücke sowie bei den Römern das As, der Dupondius, Quadrans, Semis und Triens. In deutschen Landen waren es hauptsächlich Pfennig, Heller und Kreuzer – anfangs als Silbermünze, später in Kupfer oder in verschiedenen Legierungen geprägt.

Regional von Bedeutung waren Albus, Deut, Dreiling, Flitter, Groschen, Grote, Guter und Leichter Pfennig, Sechsling, Scherf, Schilling, Stüber, Weißpfennig und Zollpfennig.

Pfennige gab es in verschiedenen Nominalen: $1/2$-, 1-, $1^1/2$-, 2-, 3-, 4-, 5-, 6-, 8- und 12-Pfennig-Stücke.

Auch Bruchteile einer größeren Währungseinheit wurden als Kleinmünzen ausgegeben, z. B. $1/48$ Taler, $1/84$ Gulden oder $1/48$ Mariengroschen.

Kleinmünzen waren bis zur Mitte unseres Jahrhunderts die Stiefkinder der Numismatik. Mit dem Erscheinen umfangreicher Typenkataloge mit Abbildungen von der größten bis zur kleinsten

Währungseinheit mehrten sich die Interessenten für Kleinmünzen; anfangs nur für Gebiete, deren größere Gepräge selten und teuer waren.

Inzwischen gibt es besonders im Ausland viele Sammler, die oft nur ein Nominal verfolgen: In den USA die Cent-Sammler (auch 5-, 10- und 25-Cent-Stücke werden separat gesammelt) oder in Großbritannien die Farthing- und Penny-Sammler.

Auch in Deutschland werden z. B. Pfennige aus fast 12 Jahrhunderten bis zurück zum karolingischen Denar gesammelt – eine eindrucksvolle Sammlung!

Antike griechische Münzen

Die ältesten bekannten Münzen der westlichen Welt stammen aus der Regierungszeit des lydischen Königs Alyattes (610–561 v. Chr.). Sie wurden aus Elektron (einer natürlichen Legierung aus ca. 7 Teilen Gold und 3 Teilen Silber) geprägt.

Zu Beginn der archaischen Epoche (600–480 v. Chr.) zeigten nur die Vorderseiten der Münzen bildliche Darstellungen, während auf der Rückseite nur Einschlagsmarken des Oberstempels, Ornamente oder so genannte Quadrati incusi zu finden sind. Ein Quadratum incusum ist eine geometrische Vertiefung zum Beispiel in Swastikaform (altindisches Hakenkreuz als Sonnensymbol).

In dieser Zeit wurden von vielen griechisch-kleinasiatischen Staaten oder Städten Münzen ausgegeben, die Tierbilder als Wappen trugen.

In der folgenden Tabelle sind einige Städte und Länder mit typischen Tierdarstellungen aufgezählt:

Lesbos	Löwe	Thera	Delphine
Phokea	Robbe	Kreta	Stier
Lydien	Löwenkopf	Seriphos	Frosch
Ionien	Steinbock	Siphnos	Taube
Ionien	Hähne	Aegina	Schildkröte
Ionien	Eberkopf	Athen	Eule
Ionien	Hirschkopf	Korinth	Fohlen

| Samos u. Milet | Löwe | Korinth | Pegasos |
| Ephesos | Biene | Elis | Adler |

Im 6. vorchristlichen Jahrhundert wurde die Vielfältigkeit altgriechischer Münzen durch weitere Motive aus der Götter- und Sagenwelt, aber auch aus dem täglichen Leben, bereichert. Die künstlerische Gestaltung der griechischen Münzen erreichte ihren Höhepunkt im Zeitalter der Klassik (5. und 4. Jahrhundert vor Christus). Viele dieser Gepräge sind als Kleinkunstwerke anzusehen, sie lassen neben meisterhaften Porträts auch eine gewisse Tiefenwirkung und Perspektive bei Darstellungen von Gruppen, Theaterszenen oder Quadrigen erkennen. Bedeutende Künstler wie Korass, Kimon und Eyainetos signierten die Münzbilder. Ein Wassertropfen, auf einer winzigen Fassung fixiert, diente ihnen bei der Arbeit als Vergrößerungsglas.

Athen, Tetradrachme, 5 Jh. v. Chr., 26,2 mm Ø, 17,2
Vs.: Kopf der Athena, Rs.: Eule mit Ölzweig und Halbmond

In der hellenistischen Expansion (3. bis 1. Jahrhundert v. Chr.) flacht das Münzrelief ab. Die Darstellungen werden uniformer und statuenhaft. Die griechischen Münzen werden mehr und mehr von römischen Münzen verdrängt.

Das antike griechische Münzsystem teilte sich in folgende Nominale auf:

Dekadrachme	=	10 Drachmen
Tetradrachme	=	4 Drachmen
Didrachme	=	2 Drachmen (Stater)
Drachme	=	6 Obole
Pentobol	=	5 Obole

Tetrobol	=	4 Obole
Triobol	=	$^1/_2$ Drachme = 3 Obole
Diobol	=	$^1/_3$ Drachme = 2 Obole
Trihemiobol	=	$^1/_4$ Drachme = $1^1/_2$ Obole
Obol	=	$^1/_6$ Drachme
Tritartemorion	=	$^3/_4$ Obol
Hemiobol	=	$^1/_2$ Obol
Trihemitartemorion	=	$^3/_8$ Obol
Tetartemorion	=	$^1/_4$ Obol
Hemitartemorion	=	$^1/_8$ Obol (nur 0,07 g!)

Der Sammler antiker griechischer Münzen muss sich darüber im Klaren sein, ein teures Sammelgebiet gewählt zu haben, das viele Kenntnisse der altgriechischen Geographie, Geschichte und möglichst auch der Sprache voraussetzt. Anstelle der altgriechischen Sprache genügt in vielen Fällen die Kenntnis der antiken griechischen Schriftzeichen. Unter diesen Voraussetzungen ist der Weg frei zur Sammlung der schönsten Münzen überhaupt.

Antike römische Münzen

Bis zum 4. Jahrhundert vor Christus war bei den Handelsgeschäften der Römer die Waage das wichtigste Gerät. Mit ihr wurden unregelmäßig geformte Bronzebarren (aes rude = rohes Erz) gewogen, die als vormünzliche Zahlungsmittel gelten. Dem Aes rude folgte das Aes signatum = gezeichnetes Erz. Diese Bronze-Rechtecke mit der Abbildung eines schreitenden Stieres (pecus = Vieh, pecunia = Geld) erhielten nach und nach feste Gewichte und machten die Waage überflüssig.

Im 3. Jahrhundert vor Christus begann man in Mittelitalien Bronzemünzen durch Guss herzustellen. Rundmünzen mit einem Gewicht von 270 bis 380 g je Stück blieben bis zu Beginn des 1. Punischen Krieges (264 – 241 v. Chr.) Zahlungsmittel. Dieses Aes grave (Schwergeld) zeigt auf der Rückseite die so genannte Prora, den Bug eines Schiffes mit Rammsporn – zur Erinnerung an die Wegnahme der Flotte von Antium.

Rom, Aes grave. AS, Libralfuß. 215–212 v. Chr.
Vs.: Januskopf, Rs.: Prora (Schiffsbug), 46 mm Ø, 95 g

Unter dieser Abbildung sowie neben oder unter dem Götterkopf
auf der Vorderseite findet man die Wertbezeichnung mit folgenden
Symbolen:

				Bild der Vorderseite
▬▬	= As	=		Januskopf
S	= Semis	= $^1/_2$ As	= 12 Unzen	Jupiterkopf
••••	= Triens	= $^1/_3$ As	= 6 Unzen	Minervakopf
•••	= Quadrans	= $^1/_4$ As	= 4 Unzen	Herkuleskopf
••	= Sextans	= $^1/_6$ As	= 3 Unzen	Merkurkopf
•	= Unze	= $^1/_{12}$ As	= 2 Unzen	Marskopf

Die ersten Silbermünzen der römischen Republik – Denare genannt
– wurden nach neuen Erkenntnissen erst 211 v. Chr. geprägt. Der
Denar gilt 10 Asse (später 16 Asse) – die römische Zahl ist hinter
dem Kopf der Roma zu sehen –, seine Teilstücke sind der Quinar
zu 5 Assen mit dem Dioskurenreiter auf der Rückseite und der
Silbersesterz zu 2½ Assen.

   Das Bildnis eines Lebenden erscheint auf römischem Geld erstmals mit Julius Caesar kurz vor seinem Tod im Jahre 44 v. Chr. Nach
ihm wird das Porträt des Münzherrn auf der Münze üblich.

Römischer Denar (44 v. Chr.), 19 mm
Vs.: Julius Caesar mit dem Titel
eines Diktators zum 4. Mal,
Rs.: Juno im Zweigespann
(M. METTIUS = Münzmeister)

Nachdem Octavian 31 vor Christus nach der Schlacht von Aktium zum Alleinherrscher des römischen Reiches wurde, ließ er sich den Titel Augustus verleihen, den er auch als Beiname übernahm. Mit der Thronbesteigung des Augustus begann 27 v. Chr. die römische Kaiserzeit, die bis zur Abdankung des letzten römischen Kaisers – Romulus Augustulus – im Jahre 476 n. Chr. dauerte. Augustus festigte mit einer umfassenden Münzreform das Währungssystem im gesamten römischen Reich. Die einzelnen Münznominale lauten:

1 Aureus	(Gold)	=		25 Denare		= 400 Asse
1 Denar	(Silber)	= $^1/_{25}$	Aureus =	2 Quinare	=	16 Asse
1 Quinar	(Silber)	= $^1/_{50}$	Aureus =	2 Sesterzen	=	8 Asse
1 Sesterz	(Messing)	= $^1/_{100}$	Aureus =	2 Dupondien	=	4 Asse
1 Dupondius	(Messing)	= $^1/_{200}$	Aureus =	2 Asse		
1 Ass	(Kupfer)	= $^1/_{400}$	Aureus =	2 Semis		
1 Semis	(Bronze)	= $^1/_{800}$	Aureus =	2 Quadranten	= $^1/_2$ As	
1 Quadrans	(Bronze)	= $^1/_{1600}$	Aureus		= $^1/_4$ As	
1 Triens	(Messing)	= $^1/_{1200}$	Aureus		= $^1/_3$ As	

Seit Antoninus III. (Caracalla, 211–217 n. Chr.) wurde der Antoninian, ein silbernes Doppelstück des Denars, geprägt. Von 249 bis 254 n. Chr. gab es auch Doppelsesterze. Unter Diocletian (284–304 n. Chr.) wurde der Antoninian durch den Follis, eine leicht versilberte Kupfermünze, abgelöst. Unter dem gleichen Herrscher wurde der Argenteus, eine Silbermünze im Gewicht von $^1/_{96}$ des römischen Pfundes (3,4 g), eingeführt.

Die Goldmünze, der Aureus, wurde durch Gewichtsverlust im Laufe der Zeit abgewertet und zwar wie folgt:

Regierung Sulla (82–79 v. Chr.)
$^1/_{30}$ röm. Pfund = 10,90 g
Regierung Augustus (27 v. Chr.–14 n. Chr.)
$^1/_{40}$ röm. Pfund = 8,19 g

Regierung Nero (54–68 n. Chr.)
  $^1/_{45}$ röm. Pfund = 7,28 g
Regierung Caracalla (198–217 n. Chr.)
  $^1/_{50}$ röm. Pfund = 6,55 g
Regierung Severus Alex. (222–235 n. Chr.)
  sehr unterschiedlich
Regierung Diocletian (284–304 n. Chr.)
  $^1/_{70}$ röm. Pfund = 4,68 g

Unter Konstantin dem Großen (306–337 n. Chr.) wurde der Aureus durch den Solidus abgelöst, der auf ein Gewicht von $^1/_{72}$ des römischen Pfundes = 4,55 g festgelegt wurde. Seit dieser Zeit wurde auch der silberne Miliarense geprägt (bis zu Honorius, 393–423 n. Chr.), Konstantin der Große gab zwei weitere neue Nominale aus – die silberne Siliqua und den kupfernen Centenionalis.

Fast alle Münzen des römischen Kaiserreichs zeigen auf der Vorderseite Kopf und Titel des regierenden Herrschers bzw. seiner Familienangehörigen. Die abgekürzten Titel werden im Kapitel »Abkürzungen auf Münzen« näher beschrieben. Die Münzrückseiten lassen oft eine römische Gottheit oder eine Personifikation erkennen.

Aber auch geschichtliche und kulturelle Ereignisse, Sternkonstellationen und Szenen aus dem Alltagsleben sind zu finden. So fixierten die Römer griechische Kultstätten auf Münzen, als sie Hellas erobert hatten.

Römischer Sesterz (65–68 n. Chr.), 33 mm Ø
Vs.: Kopf des Nero mit Lorbeerkranz, Rs.: Janustempel zwischen
S – C = Senatus Consulto (auf Beschluß des Senates).

Im römischen Reich wurde in vielen Münzstätten geprägt; darum kennt man seit dem 3. Jahrhundert die Kenntlichmachung der Prägestätte durch Buchstaben, zum Beispiel:

CA = Colonia Agrippinensis (Köln von 257–274 n. Chr.)
M = Mailand (auch MD)
R = Rom (auch URB RM)
T = Ticinum
TR = Treveri (Trier von 260–274 und von 293–423 n. Chr.).

Außerdem gibt es noch römische Münzzeichen für Karthago, Lyon, Arles, Ostia, Sirmium, Siscia, Aquileia, Herakleia, Thessalonike, Nikomedia, Kyzikos, Antiochia, Alexandria, Serdica, Tripolis, Konstantinopel und London.

Die Kaisermünzen des 1. und 2. Jahrhunderts nach Christus – besonders die Groß- und Mittelbronzen – gelten als gelungenste römische Prägungen. Die fast lückenlose Porträtreihe der römischen Kaiser ist ein großer Anreiz für dieses Sammelgebiet, besonders, weil viele dieser Münzen relativ preiswert sind.

Antike asiatische Münzen

Seit etwa 1000 v. Chr. (wahrscheinlich noch früher) galt in *China* das münzähnliche »Gerätegeld« als Zahlungsmittel. Es handelt sich um gegossene Miniaturformen von Spaten, Hacken und Messern aus Bronze. Gegen 500 v. Chr. kam die runde Bronzemünze mit einem quadratischen Loch in der Mitte auf – das so genannte Käschgeld oder Cash.

Die Käschs blieben 2$^{1}/_{2}$ Jahrtausende lang fast unverändert das wichtigste Zahlungsmittel in China und waren Vorbilder für viele Währungen des Fernen Ostens.

Im Nahen Osten prägten die *Perser* schon im 6. Jahrhundert v. Chr. unter Dareios die nach ihm benannten goldenen »Dareiken« und silbernen »Siglen«. Auf ihnen ist der König in der so genannten Knielaufstellung mit gespanntem Bogen zu sehen. Die Münzrückseiten sind bildlos und zeigen nur Einschläge von Prägewerkzeu-

Chinesischer Käsch der nördlichen Sungdynastie (960–1126)
Epoche Tien Hsi (1017–1021), 34 mm Ø

gen. Die persischen Münzen wurden in mehreren Jahrhunderten nur wenig verändert. Nach der Besetzung durch die Seleukiden nahmen im 3. Jahrhundert v. Chr. die Parther das Land in Besitz.

Die parthischen Münzen wurden den griechischen Prägungen nachgestaltet; auf ihren Vorderseiten ist das Brustbild des jeweiligen Königs und auf der Rückseite Arsaces, der Begründer der parthischen Dynastie, zu sehen. Die parthischen Prägungen weisen nur anfangs individuelle Porträts der Könige auf, später erscheinen sie vereinheitlicht und stark stilisiert.

Arsakadische Drachme, Arsakes II. (211–191 v. Chr.), 21,5 mm Ø
Vs.: Kopf mit Mütze, Rs.: Sitzender Arsakes mit Bogen

Mit dem Ende des parthischen Reiches (227 n. Chr.) beginnt die Ära der Sasaniden (bis 651 n. Chr.). Auch bei den sasanidischen Münzen ist auf der Vorderseite ein fast stereotypisches Königsporträt zu finden, das sich nur in den verschiedenen Formen der Krone unterscheidet – ein wichtiges Bestimmungsmerkmal der einzelnen Epochen. Die Münzrückseiten zeigen fast immer einen Feueraltar mit zwei Priestern.

Ebenfalls nach griechischem Vorbild wurden seit dem 2. Jahrhundert v. Chr. die baktrischen Münzen gestaltet, die jahrhundertelang in *Indien* im Umlauf waren. Diese Prägungen unterscheiden sich von den persischen Münzen durch vielfältige Motive wie Herrscherporträts, Götter- und Tierdarstellungen.

Sasanidische Drachme, Sapur I. (241–272 n. Chr.), 26 mm Ø
Vs.: Büste mit Krone, Rs.: Feueraltar zwischen zwei Priestern

Keltische Münzen

Die Münzen der Kelten entstanden im 2. Jahrhundert vor Chr. nach griechischem Vorbild und blieben bis zum 1. Jahrhundert nach Christus im Umlauf. Es waren die ersten nördlich der Donau geprägten Münzen.

Die Kelten teilten sich in drei Gruppen auf:
1. Die Gallokelten im französischen Raum mit einer sehr reichen Prägung in Gold, Silber, Bronze und Potin (einer Bronze-Zinn-Legierung, die man nur von den Kelten kennt).
2. Die böhmischen Kelten mit reicher Goldprägung, die bis nach Süddeutschland, Österreich und zur Schweiz reichte.
3. Die Donaukelten im ungarisch-bulgarisch-rumänischen Raum.

Gallokelten, Elusates, Drachme 18 mm Ø
Vs.: Stilisierter Kopf, Rs.: Stilisiertes Pferd

Donaukelten. Dacia, Tetradrachme 24 mm Ø
Vs.: Kopf des Zeus,
Rs.: Reiter (Pferd vom »Entenschnabeltyp«)

Die Kelten breiteten sich durch ihren großen Wandertrieb weit aus: nach Spanien, Italien, Großbritannien, Südrussland und Kleinasien. Ihr berühmtester Führer war Vercingetorix. Die Abbildungen auf ihren Münzen lassen einen Hang zum Abstrakten sowie zum dekorativen Symbol erkennen. Typisch sind die stilisierten Pferdedarstellungen.

Merkwürdige Münzformen findet man in den keltischen Regenbogenschüsselchen. Dies sind kleine schüsselförmige Goldmünzen mit geringen Prägespuren, die hauptsächlich in Süddeutschland gefunden wurden.

Die im Vergleich zu griechischen und römischen Münzen künstlerisch bescheidenere Gestaltung sowie die technisch schlechtere Ausprägung und auch die durchschnittlich geringere Erhaltung begrenzt den Sammlerkreis keltischer Gepräge auf geschichtlich interessierte Numismatiker. Besonders die keltischen Münzen des eigenen Landes werden z. B. in Frankreich, Spanien und Österreich bevorzugt.

Byzantinische Münzen

Mit dem Untergang des Weströmischen Reiches nahm die Bedeutung des Oströmischen oder Byzantinischen Reiches zu. Unter Anastasius (491–518) begann nach einer Münzreform die Ausprägung einer neuen Kupfermünze – des byzantinischen Follis (^{1}/15 Miliaresia oder ^{1}/180 Solidus).

Byzanz, Theodosius II. (408 bis 450),
Solidus, 19 mm Ø
Vs.: Behelmte Büste mit
Lanze und Schild,
Rs.: Zwei Kaiser und Stern
darüber

Folgende Nominale wurden als große Buchstaben (griechische Zahlzeichen) auf dem Revers bis zum 9. Jahrhundert beibehalten:

M	=	40 Nummia	=	1	Follis
Λ	=	30 Nummia	=	$3/4$	Follis
K	=	20 Nummia	=	$1/2$	Follis
IB	=	12 Nummia	=	$3/10$	Follis
I	=	10 Nummia	=	$1/4$	Follis
E	=	5 Nummia	=	$1/8$	Follis
Γ	=	3 Nummia	=	$3/40$	Follis
A	=	1 Nummion	=	$1/40$	Follis

Um die Mitte des 6. Jahrhunderts wurde die lateinische Schrift von der griechischen abgelöst. Bis dahin waren auch römische Zahlzeichen als Nominal bekannt.

Abkürzungen vieler Münzstätten erscheinen bei den byzantinischen Münzen bis zum Ende des 7. Jahrhunderts. Vom 11. bis 15. Jahrhundert münzte Konstantinopel allein.

Byzanz, Constantinus VIII. (1025–1028), Histamenon 25 mm Ø
Vs.: Büste mit Labarum und Mappa, Rs.: Christus

Der charakteristisch byzantinische Stil resultiert aus starren, frontal abgebildeten Personen (selten im Profil) und Darstellungen christlicher Motive (Christus-, Muttergottes- und Heiligenbilder sowie auf dem Revers verschiedene Kreuzformen). Die letzten byzantinischen Münzen wurden unter Johannes VIII. aus dem Geschlecht der Palaiologen (1425–1448) geprägt. Mit der Eroberung Konstantinopels durch die Türken endete das Byzantinische Reich nach über tausendjährigem Bestand im Jahre 1453.

Münzen der Völkerwanderung

Im 4. und 5. Jahrhundert wurden die germanischen Volksstämme durch die aus dem Osten herannahenden Hunnen nach Süden und Westen vertrieben. Die westgermanischen Sueben und die ostgermanischen Goten, Vandalen und Langobarden fielen in das zerfallende Weströmische Reich ein und gründeten dort eigene Reiche.

Nach jahrzehntelanger Benutzung römischer Münzen folgten die ersten eigenen Prägungen – hauptsächlich Goldmünzen nach römischen und byzantinischen Vorbildern.

So ließ der Ostgotenfürst Odoaker und sein berühmter Nachfolger Theoderich (493–526) Münzen ähnlich der byzantinischen Prägungen des Anastasius herstellen. Der Vandale Gunthamund (484–496) wählte als Vorbild die römischen Gepräge für seine Gebiete in Nordafrika. Die ältesten bestimmbaren Münzen der Völkerwanderung stammen von den Sueben.

Ostgotische Silbermünze
des Odoaker (476–493),
12,5 mm Ø

Die goldenen Solidi und Tremissi wurden nach wie vor im Namen des Kaisers geprägt, die Silber-, Bronze- und Kupfermünzen dagegen im Namen des Barbarenkönigs oder Stammesfürsten. Nur einer verstieß gegen dieses Gesetz: Der Frankenkönig Theodebert. Als seine Solidi außerhalb des Herrschaftsgebietes nicht als Zahlungsmittel anerkannt wurden, wagte es niemand seiner Nachfolger diesem Beispiel zu folgen. Schließlich war Gold das Zahlungsmittel für den Außenhandel und der auf der Münze genannte Name musste allgemein bekannt und anerkannt sein.

Die Westgoten begannen im 6. Jahrhundert in ihrem in Spanien gegründeten Reich mit der Münzprägung. Zur gleichen Zeit ahmten in Norditalien die Langobarden die Münzen der Byzantiner nach.

Auch die fränkischen Merowinger brachten in Gallien kleine Goldmünzen byzantinischen Charakters in Umlauf. Auf den merowingischen Münzen des 7. Jahrhunderts wurde es üblich, dass als einzige Beschriftung nur noch der Name des Münzmeisters zu lesen war, der vermutlich gleichzeitig Steuereintreiber war. So sind nicht weniger als 1400 Namen von merowingischen Münzmeistern und ca. 1000 Münzstätten bekannt. Die Münzen der Völkerwanderung werden bevorzugt nur von wenigen Spezialisten zusammengetragen, da nicht nur die ansprechenden Stücke ziemlich rar und teuer sind.

Münzen des Mittelalters

Schon seit Ende des 7. Jahrhunderts beherrschten die Karolinger das merowingische Reich. Mit der Münzordnung Karls des Großen (768–814) wurde eine wichtige Grundlage für spätere Währungen geschaffen. Das Pfund Silber wurde in 20 Schillinge (Gewichtseinheiten) zu 240 Pfennigen aufgeteilt – ein System, das in Großbritannien bis 1971 beibehalten wurde.

Denar Karl des Großen (768 bis 814), 17 mm Ø

In der sächsisch-fränkischen Kaiserzeit spielte der Silber-Pfennig oder Denar die Hauptrolle. Der halbe Pfennig (Hälbling oder Obol) war bedeutend seltener.

Die Einheitlichkeit des karolingischen Geldwesens ist auf das alleinige Münzrecht des Königs und auf die Beschränkung weniger Münzstätten zurückzuführen; es durfte nur in den kaiserlichen

44

Pfalzen geprägt werden. Erst als später die Münzrechte auf Adel, Bischöfe, Klöster und Städte übertragen wurden, entstand eine fast unübersehbare Vielfalt von Prägungen. Als die verliehenen Münzrechte oft noch an Dritte verkauft wurden und im 11. Jahrhundert unterschiedliche Münzfüße entstanden, verschlechterten sich die Währungen zunehmend.

Zur Zeit der Hohenstaufen besserte sich dieses Chaos nicht, aber es wurde wieder mehr Wert auf eine sorgfältigere Münzprägung gelegt. Dabei sind besonders die Brakteaten des 12. und 13. Jahrhunderts hervorzuheben. Brakteaten sind dünne, einseitig geprägte Pfennige. Diese Dünn- oder Hohlpfennige wurden vorwiegend in Süd- und Mitteldeutschland mit einem Gewicht von unter 1 Gramm geprägt, manchmal mit Durchmessern von über 40 mm.

Zu teilweise hervorragender künstlerischer Qualität wurde eine große Auswahl an Motiven wiedergegeben. Die schönsten Exemplare stammen aus Thüringen. Die Brakteaten waren in fast ganz Deutschland im Umlauf; zu den wenigen Ausnahmen zählte das Rheinland, dem traditionellen Bereich der schweren Kölner Pfennige.

Der Anfang des 13. Jahrhunderts massenhaft auftretende Häller Pfennig aus der Reichsmünzstätte Hall in Schwaben verdrängte wegen seines stets unveränderten Feingehaltes auch den Kölner Pfennig. Dies führte zur offiziellen Abwertung des Hällers auf die Hälfte seines bisherigen Wertes. Das neue Nominal »Heller« war nur noch einen halben Pfennig wert.

Einige Jahrzehnte später wurde in Deutschland erstmals eine größere Münze als der Pfennig geprägt: der Groschen. Er war eine Entwicklung aus dem 1266 in Tours geprägten »grossus denarius turnosus«, der als das Zwölffache eines Pfennigs galt. Aus dem Turnosgroschen (oder Tournose) entstand auch der italienische Grosso und der englische Groat. Beliebt und in großen Teilen Europas verbreitet war der Prager Groschen. Nach seinem Vorbild entstanden die Meißner Groschen, die ihrerseits das deutsche Münzwesen erheblich beeinflussten.

Die Groschenmünze des Meraner Grafen Meinhard II. von Görz-Tirol erhielt nördlich des Brenners wegen ihres auffallenden Doppelkreuzes und wegen ihrer Herkunft den Namen »Etschkreuzer« und wurde Stammvater des in der Geldgeschichte Süddeutschlands und Österreichs so bedeutsamen Kreuzers.

Berühmte Goldmünzen wurden im 13. Jahrhundert in Florenz und Venedig geprägt. Die Florene mit dem Lilienwappen der Stadt Florenz wurden seit 1252 als späteres Vorbild des Goldguldens geprägt. Sie waren im Handelsverkehr Mitteleuropas von größter Bedeutung. Der Dukaten von Venedig, anfangs Zechine genannt, war seit 1284 nicht weniger bedeutungsvoll als der Floren.

Besonders im Handel mit der Levante war der Dukaten lange das wichtigste Zahlungsmittel. Der Dukat mit Christusbild und dem heiligen Markus wurde ähnlich wie der Floren in vielen europäischen Ländern nachgeahmt.

Venedig, Dukat des 14. Jahrh. unter Antonio Venier, 21 mm Ø
Vs.: Doge kniet vor St. Markus, Rs.: Christus in der Mandorla

Eine englische Goldmünze, der seit 1344 geprägte Nobel, war auch auf dem europäischen Kontinent eine beliebte Handelsmünze.

Die Münzen des Mittelalters setzen sich aus vielen Sammelgebieten zusammen. Eine gut gewählte Spezialisierung ist hier besonders wichtig. Da auch die Literatur wegen der Fülle des Materials kein Gesamtwerk anbieten kann, werden nur allgemeine Einführungen oder Überblicke und spezielle Gebiete aufgezählt (s. S. 172).

Taler

Als im ausgehenden Mittelalter wegen erheblichen Goldmangels nur noch wenige Goldmünzen geprägt wurden, ergab es sich fast zwangsläufig, dass mit der Entdeckung riesiger Silbervorkommen eine größere Silbermünze den Ersatz für Dukaten und Gulden übernahm. Auch die fortgeschrittene Technik machte es nun möglich, erstmals größere Silbermünzen zu schlagen.

Erzherzog Sigismund von Tirol ließ 1486 die ersten »Guldengroschen« prägen und um 1500 folgten verschiedene süddeutsche Städte und hessische Landgrafen seinem Beispiel.

Aber erst die Guldiner der sächsischen Kurfürsten (seit 1507) und besonders die seit 1518 geprägten Joachimsthaler aus Böhmen sorgten dafür, dass diese neuen Großgroschen allgemein akzeptiert wurden.

Die Silberminen von Joachimsthal waren 1516 entdeckt worden. Die Grafen von Schlick kauften dieses Gebiet, nachdem sie das Münzrecht erworben hatten, und ließen bis 1528 (Entzug des Prägerechts durch Ferdinand I.) über 1,2 Millionen Joachimsthaler prägen.

Grafen Schlick, Joachimsthaler Guldiner (1520), 41,5 mm Ø
Vs.: St. Joachim hinter Wappen der Grafen Schlick, Rs.: Böhmischer Löwe

Die neuen Großmünzen wurden wenig später nur noch »Thaler« genannt. Sogar im Ausland wurde die Bezeichnung leicht abgewandelt übernommen: In Dänemark und Schweden wurde es der »Daler«, in Italien der »Tallero«, in Polen der »Talar«, in Nordostafrika der »Talari«, in Lothringen der »Tallard«, in den Niederlanden der »Daalder« sowie in England und Amerika der »Dollar«. In Russland entstand die Münzbezeichnung »Jefimski« aus Joachim.

In Deutschland setzte sich der Taler schnell durch. Schon 1521 prägten die Grafen von Mansfeld und der Kurfürst von Brandenburg nach dem Vorbild aus Joachimsthal, 1523 folgte der Bischof von Würzburg und 1528 die Freie Reichsstadt Lübeck.

Die große Prägefläche der Taler ließ nun eine großzügigere künstlerische Gestaltung zu und die Vielfalt der Bilder vergrößerte sich mit dem schnell wachsenden Ehrgeiz der Münzherren.

Die deutsche Geschichte der Neuzeit (16. bis 19. Jahrhundert) spiegelt sich deutlich im Taler wider: Die Zerrissenheit des Landes, die Zeit der Reformation, Krisen, Kriege, Siege, Frieden, Krönung, Jubiläum, Tod und vieles andere. Besonders prachtvoll sind solche Ereignisse auf den mehrfachen Talern – Doppeltaler, 3-, 4-, 6-, 8-, 10- und 16fache Löser – dargestellt.

Ein größeres Teilstück des Talers – der $^2/_3$ Taler oder Silbergulden – wurde 1690 lange Zeit die wichtigste Silbermünze in Deutschland. Später galt der Gulden als Halbtaler.

Besondere Talerarten waren die Konventionstaler, die Kronentaler und die Vereinstaler.

Konventionstaler waren Taler nach der österreich.-bayerischen Konvention von 1753 im Werte von zwei Gulden. Sie waren ca. 100 Jahre lang die Haupthandelsmünzen in Österreich und Bayern.

Kronentaler wurden seit 1755 in den österreichischen Niederlanden geprägt. Sie zeigten auf der Rückseite ein Andreaskreuz mit 3 oder 4 Kronen. Sie waren im westlichen Deutschland in der 2. Hälfte des 18. Jahrhunderts die bevorzugten Silbermünzen.

Vereinstaler wurden die Taler des deutsch-österreichischen Münzvereins genannt, die seit der Wiener Münzkonvention von 1857 bis 1871 geprägt wurden. Sie lösten die Konventionstaler ab.

Der Taler wurde in Deutschland seit 1872 nicht mehr geprägt; er blieb aber noch viele Jahre im Umlauf (z. T. bis in die Weimarer Republik), sodass er 400 Jahre lang die wichtigste und beliebteste Münze der Neuzeit war.

Eine Talersammlung gehört nicht nur in Deutschland zu den begehrtesten Sammelgebieten. Wer nicht unbedingt auf Taler in vorzüglicher Erhaltung ist, kann solche in der Erhaltung »sehr schön« noch oft in der Preislage zwischen € 50– und € 100,– erwerben, einige sogar noch unter € 50,–.

Vollständiges

Thaler-Cabinet

das ist,
Historisch-Critische Beschreibung
Derjenigen zweylöthigen Silber-Münzen,
welche unter dem Namen

Der Reichs-Thaler

bekannt sind,
Und seit drittehalbhundert Jahren her von Kay-
sern, Königen, Churfürsten, Päbsten, Bischöffen, Herzogen,
Fürsten, Grafen, Freyherrn, Republiquen und Städten auf
allerhand Begebenheiten sind geschlagen worden;
Zusamt einer
Kurzen Einleitung in die Thaler-Wissenschaft,
und einem Register der auf den Thalern vorkomenden
Symbolorum und Denksprüche.

Königsberg und Leipzig,
Verlegts Christoph Gottfried Eckardt. 1735.

Moderne Münzen aus aller Welt
(19. und 20. Jahrhundert)

Dieses riesige und meist preiswerte Sammelgebiet muss unbedingt in zeitliche wie auch geographische Abschnitte eingeteilt werden.

Empfehlenswerte Zeitabschnitte sind:

a) 20. Jahrh. (nach G. Schön: Welzmünzkatalog 20. Jh.).
b) 20. Jahrh. (nach Krause/Mishler: World Coins).
c) 19. Jahrh. (nach Schön/Cartier: Weltmünzkatalog 19. Jh.).
d) 19. Jahrh. (nach Krause/Mishler: World Coins).
e) ab 1945 (nach Yeoman: Current Coins of the World).
f) 1850–1950 (nach Yeoman: Modern World Coins).
g) 1750–1850 (nach Craig: Coins of the World).

Eine geographische Aufteilung nach Erdteilen ist möglich, aber ohne Aussicht auf Komplettierung (Ausnahme: Australien). Europa sollte zumindest in Westeuropa und Ostblock getrennt werden. Besonders ratsam ist eine Spezialisierung auf einzelne Länder. Das bedeutet natürlich nicht, dass nur die Münzen eines Landes gesammelt werden sollen.

Westeuropa: Außer den Münzen der schon besprochenen Länder Deutschland und Österreich sind die Prägungen der Schweiz und des Vatikans sehr beliebt. Wer nicht nur die Münzen der beiden letzten Jahrhunderte eines europäischen Landes sucht, interessiert sich bestimmt für die Staaten Großbritannien, Niederlande, Frankreich, Spanien, Italien sowie für skandinavische Länder.

Der Grundstock zu Sammlungen europäischer Länder bildet sich oft aus Münzen, die von Bekannten oder Verwandten mitgebracht bzw. selbst im Urlaubsland erworben wurden.

Osteuropa: Bei einigen Ostblockländern ist eine Komplettierung (nach Typen) ohne besondere Mühe möglich – z. B. Polen seit 1918, CSSR seit 1921 (bis 1990, dann nach Teilung der beiden Länder) oder Bulgarien seit 1881. Ungarische Münzen werden wegen des Motivreichtums gern gesammelt. Eine Russlandsammlung lässt sich sehr umfangreich aufbauen, z. B. mit der Moskauer Periode (1462–1712) oder mit der Petersburger Periode (1712–1917) beginnend.

Von Baltendeutschen werden oft die Münzen ihrer alten Heimat bevorzugt: Litauen, Lettland oder Estland.

Asien: Der exotische Reiz fernöstlicher Prägungen ließ schon manche China-, Japan- oder Indiensammlung entstehen. Nicht weniger reizvoll sind die Münzen von Tibet, Nepal und Siam (jetzt Thailand).

Auch die Münzen des Nahen Ostens werden gern gesammelt. So gehören die modernen, künstlerisch vorbildlichen Prägungen Israels sowohl in Nordamerika wie in Westeuropa zu den beliebtesten Sammelgebieten. Bedenklich stimmte in den letzten Jahren die Ausgabepolitik Israels, indem man mit höheren Nominalen das Münzensammeln wesentlich verteuerte.

Afrika: Von ca. 60 alt- und neuafrikanischen Staaten sind die Münzsammlungen von nur etwa 10 Ländern schwer zu komplettieren. Das bedeutet, dass heute noch die Münzen der meisten jungen Staaten in vorzüglicher Erhaltung leicht zu bekommen sind – eine Voraussetzung, um die man in den späteren Jahrzehnten vielleicht beneidet wird.

Nordamerika: Münzen der Vereinigten Staaten gibt es seit 1787. Vorher gab es dort seit 1650 englische Silberpence und spanische Geldstücke mit Gegenstempeln. Die ältesten Münztypen sind durch das steigende Geschichtsinteresse der amerikanischen Sammler so teuer geworden, dass eine USA-Sammlung von Europäern meist um 1850 begonnen wird (nach Yeoman oder Krause-Mishler).

Kanadische Münzen sind nicht erst seit den Olympia-Münzen von 1976 gefragte Sammelmünzen. Sowohl die Porträts der britischen Könige und Königinnen als auch die Gedenkmünzen seit 1935 trugen dazu bei, dass sich der Kreis der Kanadasammler ständig vergrößert hat.

Mittel- und Südamerika: Bei Mittelamerika sind die großen Silbermünzen Mexikos als beliebtes Sammelgebiet zu nennen. Sowohl das Staatsemblem (Adler mit Schlange im Schnabel auf Kaktus) wie verschiedene schöne Motive (altmexikanischer Herrscher, aztekischer Kalenderstein, Indianerporträt oder Eisenbahn unter Palmen) heben die mexikanischen Münzen als außergewöhnliche Prägungen hervor.

Südamerikanische Münzen blieben in Europa bisher ziemlich unbeachtet; vielleicht wegen des geringen Gedenkmünzenanteils. In den USA werden diese Münzen häufiger gesammelt, vermutlich ist der Grund in der geographischen Nachbarschaft und in den niedrigen Anschaffungskosten zu suchen.

Australien und Ozeanien: Die Münzen Australiens sind bis auf die Prägungen der Gründerzeit (1. Hälfte des 19. Jahrhunderts) fast alle gut erhältlich. Neuseeländische Münzen (seit 1933) sind leicht zu komplettieren.

Die Länder Ozeaniens (z. B. Tonga, Westsamoa, die Cookinseln) fielen in den letzten Jahren fast nur durch Pseudomünzen auf.

Motiv-Sammlungen

Das thematische Münzsammeln ist nicht neu. Es gibt alte Sammlungen aus den Bereichen »medicina in nummis«, »pax in nummis« und »ius in nummis«, aber auch die Themen »Religion« und »Mythologie« interessieren wegen der reichhaltigen Auswahl manchen Numismatiker. So gab es früher schon Sammler, die sich nur auf Christus-, Marien- oder Heiligendarstellungen bzw. auf christliche Symbole wie Kreuz, Kelch oder Fisch spezialisierten; andere bevorzugten »judaica in nummis« oder heidnische Motive wie Darstellungen von Göttern sowie Kulthandlungen und -gegenstände aus der griechischen oder römischen Mythologie.

Nach wie vor beliebt ist das Thema »Herrscher-Porträts«. Die lange Reihe römischer Kaiser ist fast lückenlos mit Münzen (teilweise nur mit Goldmünzen) zu belegen; aber auch die Serien der fränkisch-sächsischen Herrscher, der Hohenstaufen oder Habsburger, der Bourbonen oder russischen Zaren, der englischen oder preußischen Könige sind für den geschichtlich interessierten Sammler eine wertvolle Dokumentation.

Die Porträts berühmter Frauen reichen von Kleopatra bis zu Elizabeth II. Hierbei ist der Wandel der Haartrachten, Frisuren, Kopfbedeckungen und der modischen Accessoires in zwei Jahrtausenden zu verfolgen.

Das Thema »Münzen und Bauten« ist nicht leicht zu erschöpfen:

Antike Monumentalbauten wie das Kolosseum, der Pharos von Alexandreia, die Pyramiden, Triumphbögen, Foren und Tempel wurden ebenso von Zeitgenossen im Münzbild festgehalten wie Städteansichten, Häfen, Schlösser, Burgen, Festungen, Brücken und Kirchen.

Aber auch Gegenstände des täglichen Lebens wurden auf den Münzen aller Zeiten fixiert. So findet man Waffen, Handwerkzeug und Kleidung in allen Varianten der verschiedenen Epochen.

Die größte Zahl von Motivsammlern ist bei den Themen »Schiffe auf Münzen« und »Tiere auf Münzen« festzustellen. Bei Weglassen der antiken Prägungen lassen sich hier preiswerte und doch sehr ansprechende Kollektionen zusammenstellen. Nach der »Flaschenpost« gibt es jetzt eine halbjährlich erscheinende Zeitschrift mit dem Namen »Numisnautik«. Sie ist erhältlich bei Werner Kahle, Unnastr. 43, 20253 Hamburg.

Sportliche Themen findet man sowohl auf antiken Prägungen des alten Olympia wie auf vielen Münzen dieses Jahrhunderts, die anlässlich von Olympischen Spielen oder anderen sportlichen Veranstaltungen ausgegeben wurden.

Dichter, Musiker und Maler werden hauptsächlich in neuerer Zeit auf Münzen gefeiert. Solche Sammlungen lassen sich vorzüglich mit schönen Medaillen abrunden. Weitere sammelnswerte Motive sind: Bergbau, Jagd, Wappen, Monogramme, Fabeltiere sowie Anlässe, die im Kapitel »Gedenkmünzen« aufgezählt sind.

Abschließend sei noch ein Thema erwähnt, das nur bedingt zum Motivsammeln gehört: Die Sammlung ungewöhnlicher Münzformen (quadratische, 6-, 7-, 8-, 12-eckige sowie Prägungen mit gewelltem Rand oder mit Zentralloch). Weitere ausgefallene Münzformen werden im Kapitel »Primitivgeld« erläutert.

Vormünzliche Zahlungsmittel (Primitivgeld)

Aus dem Tausch von Naturalien entstand bei Azteken und Mayas Geld in Form von Kakaobohnen. Bei anderen Völkern wurde mit Vieh bezahlt. Wegen bester Haltbarkeit und knappem Vorkommen galt das Salz lange als Zahlungsmittel. In Asien wurde gepresster

Chinesisches Seidenschuhgeld, 28 mm und 60 mm lang

Tee, in Afrika auch Tabak, Kolanüsse und Palmöl in Zahlung genommen. In einigen afrikanischen Gebieten wurde das Naturalgeld nach und nach vom Metallgeld in Form von Pfeil- und Lanzenspitzen verdrängt.

Ein viel genanntes Primitivgeld ist die Kaurischnecke, die in China schon vor ca. 4000 Jahren zur Bezahlung von Ware verwendet wurde. Bestimmte Kauriarten wurden meist bei den Malediven im Indischen Ozean gefunden; sie dienten vom 14. bis 17. Jahrhundert in Indonesien und teilweise in Indien als Geld. Im 19. Jahrhundert galt die Kaurischnecke noch in Siam, im Sudan sowie in Mittel- und Ostafrika als Zahlungsmittel. Der Hauptumschlagplatz für den Kaurihandel war Sansibar.

Auf einer Inselgruppe der Karolinen benutzte man scheibenförmiges Steingeld im Durchmesser von 10 cm bis 4 m (!). Das manchmal tonnenschwere Material kam auf diesen Inseln nicht vor und musste hunderte Kilometer weit antransportiert werden.

Sonderbare Formen von Silbergeld sind aus dem Fernen Osten bekannt. Das chinesische Seidenschuhgeld (30 g bis 2 kg) – in länglicher Form auch Schiffsgeld genannt – galt im 18. und 19. Jahrhundert in ganz Ostasien als Zahlungsmittel, ebenso das Sattelgeld (sattelähnliche, gestempelte Silberbarren).

In Siam diente etliche Jahrhunderte lang das dekorative Armreifgeld als Zahlungsmittel. Jeder Stamm entwickelte seine eigene Herstellungsmethode und Ornamentik. So stammen die massiven Armreifen aus Südthailand und der biegsame Reif aus dem Norden des Landes. Die leichteren Ringe (40–100 g) wurden oft am Arm getragen, die schwereren (100–300 g) auf Holzpflöcken aufgereiht.

Siamesisches Armreifgeld, 80 mm Ø

Aus dem Armreifgeld ging im 14. Jahrhundert das »Packsattelgeld« (ca. 60 g) hervor; es war in Siam, Birma und angrenzenden Ländern bis zum Anfang des 18. Jahrhunderts verbreitet. In den Küstengebieten dieser Staaten wurde bis zum Ende des 18. Jahrhunderts mit dem so genannten Tigerzungengeld bezahlt. Es sind Silberbarren, deren Bläschen angeblich durch Ameisen entstanden sind, die in das noch flüssige Metall gestreut wurden (Barrengewicht zwischen 90 und 150 g). Kleinere Exemplare ohne Bläschen werden Bootsgeld genannt.

Ebenfalls in Siam war im 18. und 19. Jahrhundert Kugelgeld im Umlauf, das aus kleinen, zu Kugeln zusammengedrückten Silber-

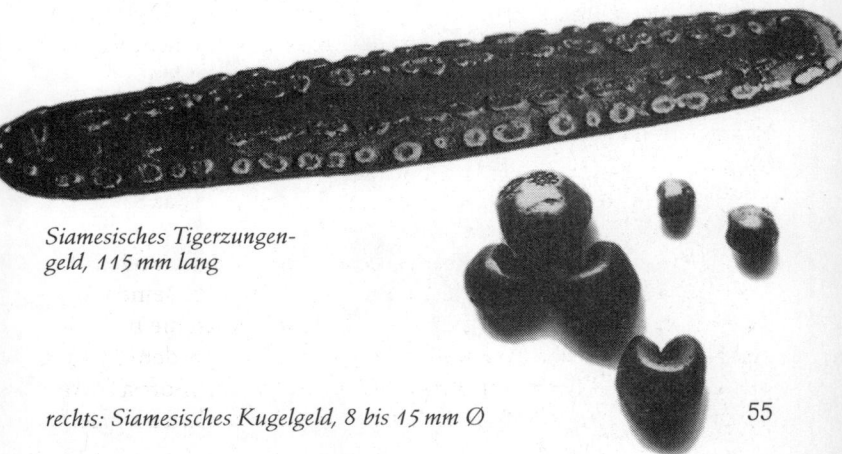

Siamesisches Tigerzungengeld, 115 mm lang

stücken bestand. Etwa 15 g schwere Stücke galten als 1 Tical oder Baht. Weitere entsprechend kleinere Nominale waren Halb-, Viertel- und Achtel-Ticale bis hinunter zum ¹/₆₄ Tical, der so klein wie ein Stecknadelkopf ist. Auch in Afrika spielte das Armreifgeld oder Ringgeld eine wichtige Rolle bei Tausch und Handel. So war die Manilla – ein nicht geschlossener, an den Enden abgeplatteter Ring, meist aus Kupfer oder Bronze – seit dem 16. Jahrhundert bis 1948 in Nigeria das wichtigste Zahlungsmittel.

Belagerungs- und Notmünzen

Typische Belagerungsmünzen sind uns erst seit dem 16. Jahrhundert bekannt. Die meist viereckigen Münzen wurden während der Belagerung von Städten und Festungen geprägt, um die knapper und teurer werdenden Lebensmittel sowie die Söldner bezahlen zu können.

Als Münzmetall diente meistens silbernes Tafelgeschirr oder Kirchengerät (in der französischen Revolution auch Glocken).

Die ersten mitteleuropäischen Belagerungsmünzen prägte man 1529, als die Türken unter Sultan Suleiman II. die Stadt Wien belagerten. In Siebenbürgen behalf man sich ebenfalls unter türkischer Belagerung mit den so genannten Feldtalern.

Weitere Belagerungsmünzen wurden im Schmalkaldischen Krieg (1547), in der Hungersnot von Breslau (1571/72) und besonders im achtzigjährigen Krieg zwischen Spanien und Holland geprägt (in Amsterdam, Deventer, Leyden, Middelburg und Breda).

Im Dreißigjährigen Krieg (1618–1648) gab es diese Münzen in folgenden deutschen Städten: Magdeburg, Greifswald, Thorn, Minden, Jülich, Frankenthal und Breisach.

Wien, Kaiser Ferdinand I. (1521–1564), Klippe zu 6 Kreuzer, 1529, 18 x 18 mm

56

Landau, Herzog Karl Alexander von Württemberg, Klippe zu 1 Gulden und 4 Kreuzern, 1713, 40×45 mm

Die Stadt Landau wurde im Spanischen Erbfolgekrieg zu Beginn des 18. Jahrhunderts zweimal belagert – 1702 von Ludwig Wilhelm Markgraf von Baden (»Türkenlouis«) und 1713 von französischen Truppen unter Marschall Villars. In diesen Zeiten entstanden viele der bekannten Landauer Klippen in verschiedenen Nominalen.

Aus Kanonenbronze wurde im Dänisch-Schwedischen Krieg (1700–1721) das Wismarer Plattengeld zu 8, 16 und 32 Schilling geschlagen. Schwedisches Plattengeld galt nicht wie oft angenommen als Notgeld, sondern als reguläres Umlaufgeld – bedingt durch reiche Kupfervorkommen im Land. So wurden 1644 Kupferplatten im Wert von 10 Silbertalern in der Größe von ca. 25×60 cm (= 19,7 kg) mit mehreren Prägestempeln versehen in Umlauf gebracht. Später folgten kleinere Nominale zu $1/2$, 1, 2 und 4 Talern. Diese Münzen stellte man deshalb groß und schwer her, um Überschüsse bei der Kupferproduktion zu binden und das Angebot auf den Exportmärkten niedrig zu halten. Das Kupferplattengeld blieb über ein Jahrhundert (bis 1776) in Schweden ein wichtiges Zahlungsmittel.

Belagerungsmünzen werden nicht mehr oft angeboten. Unter € 50,– ist kaum noch etwas zu bekommen. Wegen der hohen Sammlerpreise und der oft einfachen Herstellungsart sind schon verschiedene Fälschungen festgestellt worden. Der Erwerb dieser Münzen sollte darum möglichst nur über den seriösen Fachhandel erfolgen.

Im 19. Jahrhundert wurde die Notgeldfunktion durch Papiergeld übernommen.

Nicht nur Belagerungen lösten Notmünzen aus. Auch während und nach Kriegen, Krisen und Revolutionen reichte das normale Umlaufgeld nicht aus.

So prägte man in vielen deutschen Städten und Gemeinden während des 1. Weltkrieges und danach bis zur Inflation Notmünzen vorwiegend aus Zink oder Eisen, meist unscheinbar – doch oft mit interessanten Darstellungen und Umschriften. In Westfalen gab man ein besonders ausgefallenes Notgeld heraus, dessen Münzcharakter wohl von vielen Seiten angezweifelt wird, da es nie im Umlauf war.

Diese schönen und großen Notmünzen erschienen seit 1921 mit dem Porträt des Ministers vom Stein; sie wiesen während der Inflation Nominalwerte bis zu 1 Billion Mark auf. Das Porträt der Dichterin Annette von Droste-Hülshoff zierte vier Nominale des Jahrgangs 1923.

Zu den Notmünzen werden auch die deutschen Porzellanmünzen (meist aus der Staatlichen Porzellanmanufaktur Meißen) gezählt. Sie wurden aus weißem Biskuitporzellan und aus braunem Böttgersteinzeug mit goldenem oder farbigem Dekor hergestellt – manche auch in Keramik. Die Porzellanmünzen konnten sich wegen ihrer Zerbrechlichkeit nicht durchsetzen, obwohl sie wegen ihrer Schönheit sehr beliebt waren. Auch in Frankreich wurden nach dem 1. Weltkrieg viele lokale Notmünzen aus Aluminium ausgegeben.

Im 2. Weltkrieg ließ Deutschland für die besetzten Gebiete Zink- und Eisenmünzen als Notgeld prägen (Kriegsgeld und Prägungen der Reichskreditkassen).

Schrötlinge, Verprägungen und Proben

Der noch nicht geprägte Münzrohling – auch *Schrötling,* Ronde oder Münzplättchen genannt – wird aus einem Zain gestanzt. Ein Zain ist ein auf gleichmäßige Stärke gewalzter Metallstreifen.

Die deutschen Schrötlinge (außer aus Silberlegierungen) werden seit 1872 in Altena/Westfalen hergestellt. Das für die Ronden heute meist verwendete Münzmetall – eine Legierung aus 75 % Kupfer und 25 % Nickel – wurde vor mehr als 100 Jahren in Belgien entwickelt; es bewährte sich wegen guter Prägeeigenschaften, Abriebfestigkeit, Anlaufbeständigkeit und der silbernen Farbe optimal. Einen wesentlichen Beitrag auf dem Gebiet der Münzwerkstoffe leisteten die VDM-Werke in Altena mit den automatensicheren

Münzplättchen MAGNIMAT, einem Dreischichtenwerkstoff aus Kupfernickel und magnetisierbarem Nickelkern. Dieses Material wurde nicht nur für die Schrötlinge der 2-DM-Stücke verwendet, sondern auch für Münzen in Frankreich und Monaco (je 5 Francs) sowie in Portugal (10 Escudos) und Schweden (5 Kronen).

Schrötlinge werden manchmal im Fachhandel (Lagerlisten und Auktionen) oder in Inseraten von Sammlern angeboten. Es sind meistens Ronden von noch gültigen Umlaufmünzen, zum Teil mit geprägtem oder gestauchtem, zum Teil mit unbearbeitetem Rand. Mit etwas Glück kann man auch ausländische und ältere deutsche Schrötlinge erwerben.

Verprägungen: Es ist verständlich, dass in modernen Prägeautomaten bei einer Prägegeschwindigkeit von 2 Münzen je Sekunde trotz aller Präzision Fehlprägungen entstehen.

So kann eine geprägte Münze im Prägering oder in der Vorschubzange hängen bleiben und wird ein zweites Mal (verdreht oder versetzt) geprägt.

Eine zweite Art von Fehlprägung entsteht, wenn der Schrötling nicht voll von den Stempeln getroffen wird. Hier bilden sich exzentrische Verprägungen, bei denen das Münzplättchen in der Spanne von 1 % bis 99 % ungeprägt bleibt.

Die dritte Möglichkeit von Verprägungen ist die irrtümliche Verwendung falscher Ronden (zu kleine oder zu große Schrötlinge, Münzplättchen ohne Randbearbeitung oder Rondenverwendung anderer Legierungen). Es gibt z. B. 2-DM-Prägungen auf 1-DM-Schrötlingen oder 2-Pfennig-Prägungen auf 5-Pfennig-Schrötlingen sowie 5-DM-Stücke ohne oder mit falscher Randprägung. Weitere Fehlprägungen entstehen bei verschmutzten Prägestempeln (z. B. statt EINIGKEIT das manchmal angebotene EINIGKFIT) oder defekter Prägepresse (schwache oder nur teilweise Ausprägung). Auch Abnutzung der Prägewerkzeuge oder Ölspuren auf den Münzplättchen führen zu Prägefehlern.

In der Qualitätskontrolle werden nach der Ausprägung eventuelle Fehlprägungen ausgeschieden und unkenntlich gemacht. Bei dem großen Ausstoß der Prägepressen ist es verständlich, dass hier und da eine Fehlprägung der Kontrolle entgeht. Trotz aller Perfek-

Anfertigung des Gipsmodells
durch den Künstler

Übertragung von der Modellkopie
auf Patrizenstempel bei gleichzeitiger
Verkleinerung

tion können also auch heute noch verprägte Münzen in den Umlauf geraten. Sie werden von Spezialsammlern als »teuerster Schrott der Welt« gern gekauft. Der Kaufpreis liegt bei € 5,– je Gramm (oder 5 Millionen € je Tonne).

Proben: Von den Gipsmodellen preisgekrönter Entwürfe (11 cm Durchmesser bei 5-DM-Stücken) werden Kopien aus widerstandsfähigem Kunststoff hergestellt, die als Schablone zur Fertigung der Patrize dienen. In einer Reduktionsmaschine (Relief-Pantograph) werden die Münzbilder in vierfacher linearer Verkleinerung in die Oberfläche von Stahlplatten übertragen bzw. gefräst – Abbildung siehe nächste Seite. Die bei den folgenden Testprägungen entstehenden Probestücke (kurz: Proben oder auch Essays genannt) sollen erkennen lassen, ob die Verkleinerung auf endgültige Abmessung keine wesentlichen Nachteile gegenüber dem Gipsmodell entstehen lässt. Auch ein Vergleich der Proben kann zu anderen Resultaten führen als ein Vergleich innerhalb der Gipsentwürfe. Die Proben können eventuell korrigiert, geändert oder ergänzt werden, um davon die eigentlichen Prägewerkzeuge herzustellen. Näheres siehe im Kapitel »Wie werden Münzen hergestellt?« (S. 125).

Offizielle Proben aus deutschen Münzstätten sind nur in wenige Sammlerhände gekommen (teilweise durch Kriegswirren). Vom 25-Pfennig-Stück (1909–1912) sind viele so genannte Proben (auch in Kupfer) bekannt, die aber private Abschläge der Künstler sind, die ihre eingereichten Arbeiten ohne ein Honorar zurückerhielten. Seit 1964 sind etliche »offizielle Proben« polnischer Münzen erhältlich (meistens sogar preiswert). Es handelt sich um Alternativ-Entwürfe mit einem ähnlichen Motiv, wie es der ausgewählte Entwurf zeigt. Es existieren zwar von fast allen polnischen Münzen seit 1923 Proben, sie wurden aber zum Teil nicht oder in geringer Zahl in Umlauf gebracht.

Bei einer Sammlung von Probemünzen gehört immer die endgültige Ausführung dazu. Der Vergleich zwischen Probe und Original erst bildet die Kritikfähigkeit, das Urteil des Preisgerichts nachzuvollziehen oder abzulehnen.

Goldmünzen

Seit der immens reiche König Krösos von Lydien um 550 v. Chr. die ersten Goldmünzen prägen ließ, ist das Gold für die Menschen zum Inbegriff des Wertvollen und Wertbeständigen geworden. Das gemünzte Gold blieb von der Antike bis zu Beginn unseres Jahrhunderts die Grundlage der Weltwirtschaft. Wer moderne Goldmünzen sammelt, muss alte Originalprägungen von Neu- und Nachprägungen trennen.

Neuprägungen lassen sich von Originalprägungen mithilfe eines Kataloges gut unterscheiden, da von nur wenigen Staaten ganz bestimmte Jahrgänge amtlich neu geprägt wurden. Es sind die Länder Frankreich, Großbritannien, Österreich, Schweiz, Spanien, Ungarn, Türkei und Mexiko. Diese mit teils alten, teils neuen Stempeln geprägten Goldmünzen werden meist von Banken unter der Bezeichnung »Bankware« zu niedrigeren Preisen angeboten als die Originalprägungen. Neuprägungen sind darum weniger für den passionierten Sammler, sondern mehr für den unerfahrenen Kapitalanleger von Bedeutung. Der Wert der Neuprägungen bemisst sich wie bei Barren nach dem Feingoldgewicht (Tageskurs).

Nachprägungen sind keine offiziellen, sondern private Erzeugnisse – und damit Münzfälschungen. Besonders die deutschen Reichsgoldmünzen (1871–1915) sind davon betroffen. Seit 1955 prägte ein Bonner Zahnarzt 20 Jahre lang große Mengen deutscher Reichsgoldmünzen nach, da sie seit 1939 nicht mehr als gesetzliche Zahlungsmittel galten. Diese Gesetzeslücke nutzte er sogar während der schon angelaufenen, Jahre dauernden Prozesse mit einem Riesenprofit aus. Diese Fälschungen sind oft sehr schwer von Originalprägungen zu unterscheiden. Der Goldmünzenkauf sollte darum möglichst bei seriösen Münzhändlern (die für Echtheit garantieren) oder bei größeren Bankinstituten erfolgen. Großbanken können mit modernen technischen Geräten die meisten Fälschungen von Reichsgoldmünzen als solche identifizieren. – Der beginnende Münzsammler erwirbt nicht selten münzähnliche Goldprägungen, die besonders von Banken häufig angeboten, aber nicht zurückgekauft werden. Es sind *Goldmedaillen,* die oft Gedenkmünzen ähneln, aber wegen fehlender Münzmerkmale (Nominal, Prägejahr, Münzzeichen und Name des Ausgabelandes) nur Goldstücke mit Medaillencharakter sind. Da die weitaus wenigsten dieser Prägungen von künstlerischer Qualität sind, stellen sie nichts Anderes als eine besondere Form von Goldbarren mit Abbildungen dar. In fotografischem Abklatsch wird darauf alles dargestellt, was eventuell Käufer anziehen könnte: mehr oder weniger bekannte Politiker und Fußballhelden, Städte- und Gemeindejubiläen, Weltraumfahrt und Olympische Spiele, Briefmarken- und Gemäldemotive usw.

Bei Verkauf von solchen Goldmedaillen wird nur das Feingewicht abzüglich Einschmelzkosten erstattet; darum wäre hier der Erwerb von reinen Goldbarren oder des münzähnlichen südafrikanischen Krügerrands eher empfehlenswert.

Wer Goldmünzen kaufen möchte, sollte sich entweder auf alte Originalprägungen oder auf solche Prägungen konzentrieren, bei denen eine günstige Relation zwischen Goldwert und Münzpreis besteht, z. B. der kanadische Maple Leaf, der australische Nugger, der südafrikanische Krügerrand oder der amerikanische Eagle.

FAO-Münzen

Die FAO (Food and Agriculture Organization of the United Nations) ist die Ernährungs- und Landwirtschaftsorganisation der Vereinten Nationen. In ihr haben sich ca. 150 Mitgliedsstaaten vereinigt, um den Hunger und die Not in der Welt zu bekämpfen. Eine der vielen Finanzierungsformen ist die internationale Ausgabe von Münzen, deren Motive auf die wichtigste Forderung unserer Zeit – die Beschaffung von Nahrung, Ausbildung und Arbeit für eine schnell wachsende Weltbevölkerung – aufmerksam machen soll.

Ein Teil der FAO-Münzen kommt in den normalen Geldumlauf als ein langfristiges Erziehungsmittel zur Verbreitung von Grundgedanken über die soziale und wirtschaftliche Entwicklung unserer Zeit. Der andere Teil besteht aus Gedenkmünzen, deren Erlös für Entwicklungsaufgaben bestimmt ist.

Seit 1968 wurden fast 5 Milliarden FAO-Münzen herausgegeben. Das entspricht etwa einer Münze pro Kopf der Weltbevölkerung; gemessen am Umlauf aller in der Welt befindlichen Münzen sind das immerhin 1 %.

FAO-Münzen sind in speziellen Alben und in Tafeln eingebettet sowie einzeln (nicht alle!) im Münzhandel erhältlich.

Die Münztafeln (28 × 22 cm) enthalten eine repräsentative Auswahl von FAO-Münzen, deren Preis niedriger ist. Sie eignen sich auch für Nicht-Numismatiker vorzüglich als Dekoration zu Hause oder am Arbeitsplatz. Der Erlös vom Verkauf der Alben und Tafeln kommt der Arbeit der FAO zugute, vor allem der Kreditbeschaffung für Kleinbauern in wirtschaftlich armen Ländern. Der Münzkauf wird damit zum wichtigen Beitrag im Bestreben der FAO, Nahrung für alle zu schaffen.

Welche Münzen der DM-Währung
bleiben sammelwürdig?

Nach Einführung des Euros

Auch wenn die Münzen der DM-Währung nach Einführung des Euros ein abgeschlossenes Sammelgebiet bilden, so sind die Chancen auf eine Wertsteigerung sehr unterschiedlich!

Wie bei allen Sammelgebieten der Numismatik spielen Häufigkeit und Erhaltung die Hauptrolle bei der Bewertung und künftigen Aussichten auf Wertsteigerung.

Deutsche Kursmünzen von 1948 bis 2001

Umlaufmünzen

Mit der Währungsreform von 1948 löste die Deutsche Mark (DM) die seit 1873 geprägte Reichsmark (RM) ab. Nur die goldenen 20 und 10 Markstücke gab es seit 1871 bzw. 1872. 1948 wurde als Münze nur der Pfennig mit der Aufschrift »Bank Deutscher Länder« (BDL) geprägt, 1949 außerdem 5, 10 und 50 Pfennigstücke. Diese Münzen waren in den letzten Jahrzehnten zwar noch im Umlauf, aber nur in schlechter Qualität. Sammelnswerte Exemplare fand man nur im Münzhandel. Besonders gesuchte Münzen der 50er-Jahre sind das 50 Pfennigstück (BDL) von 1950 mit Münzzeichen (Mzz.) G und die 5 DM-Stücke von 1958 mit Mzz. F und J. Aber auch die 2 DM-Stücke von 1951 (besonders Mzz. G) sind Münzen mit guter Wertsteigerung.

Die Umlaufmünzen der 50er- und 60er-Jahre werden in sehr guter Erhaltung (vorzüglich und besser) stets gesucht sein, die der 70er-, 80er- und 90er-Jahre aber nur in der besten Erhaltung »prägefrisch«, also ohne die kleinsten Gebrauchsspuren. Hier kann man von einer guten Wertentwicklung ausgehen. Dagegen werden die gleichen Münzen in der Erhaltung »sehr schön« (mit normalen Gebrauchsspuren) nur in Ausnahmefällen eine Wertsteigerung erfahren.

Zu den Ausnahmen gehören:
1 Pfennig 1948, 1949, 1967 G und 1968 J
2 Pfennig 1960 G, 1967 D + G, 1985 G + J und 1987
5 Pfennig 1949 und 1967 G
10 Pfennig 1949 und 1967 G
50 Pfennig 1949, 1950 G (BDL) und 1987
1 DM 1954 G, 1955 G + J und 1968 J
2 DM Ähren 1951
2 DM Planck 1957 bis 1971
2 DM Adenauer 1984
2 DM Heuss 1984
2 DM Schumacher 1984 und 1993
2 DM Erhard 1993
2 DM Strauß 1993
2 DM Brandt 1995 J
5 DM 1951 bis 1974

Die 5-DM-Kursmünzen in Kupfernickel von 1975 bis 2001 sind nur in bzw. aus den Kursmünzensätzen der Verkaufsstelle Bad Homburg sammelnswert. Da die normalen Umlaufmünzen von 1996 bis 2001 nur mit der Jahreszahl 1996 weitergeprägt wurden, findet man die Kursmünzen der Jahrgänge 1997 bis 2001 nur in den Kursmünzensätzen in der Spezialverpackung der staatlichen Ausgabestelle. Ausnahmen: 1 Pf.–50 Pf. Vom Handel angebotene Kursmünzen dieser Jahrgänge stammen ausschließlich aus aufgelösten Kursmünzensätzen der genannten Stelle. Sie haben aber wegen geringer Prägezahl gute Chancen auf Wertsteigerung.

Spezialverpackte Kursmünzensätze, die durch die staatliche Verkaufsstelle in Bad Homburg verteilt wurden

Kursmünzensätze in Spiegelglanz
1964 wurden die ersten Kursmünzensätze in Spiegelglanz von der Bundesschuldenverwaltung (BSV) bzw. der Verkaufsstelle in Bad Homburg v. d. H. ausgegeben. Die Bezeichnung »Spiegelglanz« wurde im Gegensatz zu »Polierte Platte« gewählt, weil die Schrötlinge

für Spiegelglanzmünzen vor der Prägung nicht poliert, sondern nur als besonders gut erhaltene Schrötlinge ausgesucht wurden. Trotzdem werden diese Münzen im Münzhandel oft mit dem Herstellungsgrad »Polierte Platte« (PP) bezeichnet, ob wohl es nicht korrekt ist.

Bis 1973 gab es diese Sätze in Auflagezahlen von maximal 10 200 Stück. Bis 1980 wurden diese Prägezahlen auf 110 370 Stück (je Jahrgang und Mzz.) erhöht, natürlich mit der Folge, dass diese Sätze wesentlich niedriger gehandelt wurden. Nun senkte die BSV die Prägezahl bis 1986 auf 44 120 Exemplare. 1997 wurde die Auflage wieder auf 70 000 Stück erhöht, dann auf 78 000 für 2000 und auf 83 000 Stück für 2001.

Die sich bis jetzt entwickelten Preise dürften konstant bleiben, langfristig mit Wertsteigerungsaussichten.

Kursmünzensätze in prägefrischer Erhaltung
Die ersten prägefrischen Kursmünzensätze der BSV gab es 1974 mit einer Prägezahl von 20 000 Exemplaren (je Jahrgang und Mzz.). Bis 1980 wurde die Prägezahl auf 44 000 Stück gesteigert, dann aber bis 1986 auf 15 000 Stück gesenkt. Bis 1995 erfolgte wieder eine Steigerung auf 20 000, 1996 auf 50 000 und von 1997 bis 1999 auf 70 000 Exemplare. Weitere Steigerungen folgten 2000 auf 77 000 und 2001 auf 130 000 Stück.

Bei einzelnen Jahrgängen wie 1984, 1986, 1987 und 1995 gab es erhebliche Wertsteigerungen, die auch nach Einführung der Eurowährung konstant bleiben dürften.

Gedenkmünzen von 1952 bis 2001

Unverpackte prägefrische Münzen, die über die Banken ausgegeben wurden

Die ersten vier Gedenkmünzen aus den Jahren 1952 bis 1957 hatten spektakuläre Wertsteigerungen bis 1991 erfahren. Danach gaben die Preise wie für alle Gedenkmünzen der Bundesrepublik Deutschland ziemlich nach. Heute (2002) liegen die Werte der

BRD-Gedenkmünzen etwa auf dem Stand von 1983. Ein weiteres Nachgeben dieser Werte ist nicht zu erwarten, eher ein leichter Anstieg in den nächsten Jahren, besonders bei den Gedenkmünzen der 50er- und 60er-Jahre.

Spezialverpackte Spiegelglanz-Münzen, die über die BSV in Bad Homburg verteilt wurden

Auch die Spiegelglanzausführungen der ersten vier BDR-Gedenkmünzen erfuhren bis 1992 Wertsteigerungen in schwindelhafter Höhe (z. B. das »Germanische Museum« über DM 9000,–). Aber dann folgten auch hier erhebliche Preiskorrekturen. Die Werte der silbernen 5-DM-Gedenkmünzen behaupteten sich besser als die 5-DM-Gedenkmünzen aus Kupfernickel. Die Preise der 10-DM-Gedenkmünzen stiegen bis 1991, gaben dann aber auch stark nach.

Nach Einführung der Eurowährung dürften diese Werte konstant bleiben. Langfristig ist auch hier mit einer Wertsteigerung zu rechnen, besonders bei den Gedenkmünzen, deren Prägezahl 100 000 je Jahrgang und Mzz. nicht überschreitet.

Zusammenfassung

Ganz allgemein lässt sich sagen: Ältere BRD-Kursmünzen sind nur in sehr guter Erhaltung (»vorzüglich« und besser) sammelwürdig, neuere BRD-Kursmünzen nur in bester Erhaltung (»stempelfrisch« oder »Spiegelglanz«).

BRD-Gedenkmünzen ab Jahrgang 1972 (»vorzüglich« oder »stempelfrisch«) werden von Händlern nur zum Nennwert: (DM 5,00 bzw. € 2,50 oder DM 10,00 bzw. € 5,00) angekauft, wenn überhaupt. Diese Münzen in Auflagen bis zu 8 850 000 Stück (!) haben auch nach Einführung des Euros keine Wertsteigerungschance. Sie wurden nicht nur von »echten« Sammlern, sondern auch von »Schubladensammlern« und Spekulanten gehortet.

Wie lassen sich Münzen erkennen und bestimmen?

Münzen des 19. und 20. Jahrhunderts sind normalerweise leicht erkennbar. Der Ländername ist fast immer (außer bei einigen asiatischen Staaten) gut zu entziffern. Mit einem Weltkatalog moderner Münzen ist die weitere Zuordnung über die Jahreszahl und das Nominal keine Schwierigkeit mehr. Bei asiatischen Ländern ist anhand der folgenden Tabelle das Nominal (oder die Jahreszahl) schnell identifiziert und der ungefähre Bereich eingekreist.

	1	2	3	4	5	6	7	8	9	0	10	100	1000
Arabische Staaten u. Türkei	١	٢	٣	٤	٥	٦	٧	٨	٩	٠	١٠	١٠٠	١٠٠٠
Arab. Varianten (Persien, Malaysia usw.)	١	٢	٣	۴	۵	۶	٧	٨	٩	٠			
China / Japan / Korea — Umgangsschrift	一	二	三	四	五	六	七	八	九		十	百	千
China / Japan / Korea — Amtsschrift	壹	貳	叄	肆	伍	陸	柒	捌	玖		拾	(半＝½)	
Indien, Nepal	٩	۲	३	४	५	६	७	८	९	०			
Thailand (fr. Siam)	໑	๒	๓	๔	๕	๖	๗	๘	๙	๐	໑๐	໑๐๐	
Birma	၁	၂	၃	၄	၅	၆	၇	၈	၉	၀			
Israel	א	ב	ג	ד	ה	ו	ז	ח	ט		י	ק	
Äthiopien (früher Abessinien)	፩	፪	፫	፬	፭	፮	፯	፰	፱	፡	፲	፻	፼

Abkürzungen auf Münzen

Das Deuten älterer Münzen ist oft nicht einfach, da viele Abkürzungen verwendet werden – sowohl in der Antike wie auch im Mittelalter und in der Neuzeit.
Eine kleine Auswahl typischer Abkürzungen wird im Folgenden aufgezählt:

Griechische Antike

AΘ (E)	Athen	EΦ (E)	Ephesos
ΔE	Delphi	Θ (E)	Theben
ΔH	Delos	IΘA	Ithaca
ϙ (= K)	Korinth	PO (Δ)	Rhodos
ϙPO (T)	Kroton	Σ (AΛ)	Salamis

| MAK (E) | Macedonia | **SAMI** | Samos |
| | | **TAP (AN)** | Tarent |

Römische Antike

AVG	Augustus	GERM	Germanicus
BRIT	Britannicus	IMP	Imperator
CAES	Caesar	P. F. (EL)	Pius Felix
CE (NS)	Censor	P. M.	Pontifex Maximus
COS	Consul	P. P.	Pater Patriae
DAC	Dacius	S. C.	Senatus consulto
D. N.	Dominus noster	TR. P.	Tribunicia Potestate

Mittelalter und Neuzeit

AB.	ABBAS oder ABBATISSA	Abt oder Äbtissin
A.D.	ANNO DOMINI	Im Jahre des Herrn
ARCH (ID.)	ARCHIDUX oder ARCHIDUCISSA	Erzherzog oder Erzherzogin
Ar. EPS.	ARCHIEPISCOPUS	Erzbischof
CAR.	CARDINALIS	Kardinal
CIV.	CIVITAS	Stadt oder Gemeinde
CO (M.)	COMES oder COMITISSA	Graf oder Gräfin
D (UX.)	DUX oder DUCISSA	Herzog oder Herzogin
D. G.	DEI GRATIA	Von Gottes Gnaden
ECC.	ECCLESIA	Kirche
EL.	ELECTOR	Kurfürst
EP (I.)	EPISCOPUS	Bischof
FID. DE.	FIDEI DEFENSOR	Verteidiger des Glaubens
H. N.	HOC NOMINE	Mit diesem Namen
IMP.	IMPERATOR oder IMPERATRIX	Kaiser oder Kaiserin
M. D.	MAGNUS DUX	Großherzog
MON. NOV.	MONETA NOVA	Neue Münze
MONA.	MONASTERIUM	Kloster
P (R IN.)	PRINCEPS oder PRINCIPISSA	Fürst oder Fürstin
PAL.	PALATINA	Pfalz
R. IMP.	ROMANORUM IMPERATOR	Römischer Kaiser
REG.	REGINA	Königin
S. A.	SEMPER AUGUSTUS	Allzeit Mehrer des Reiches
S. R. I.	SACRUM ROMANORUM IMPERIUM	Heiliges Römisches Reich

Zur Auflösung der Legenden (Umschriften) ist außerdem die Kenntnis der lateinischen Namen europäischer Länder und Städte erforderlich. Die wichtigsten Bezeichnungen werden im Folgenden (teils mit Abkürzungen) genannt:

AGRIPPINA	Köln	HOLANDIA	Holland
ANGLIA	England	HOL	
AQVIS	Aachen	HVNGARIA	Ungarn
ARGENTINA	Straßburg	HVNG	
ASSINDIA	Essen	IVLIACVM	Jülich
AVSTRIA	Österreich	LOTHARINGIA	Lothringen
AVST		LOTH	
BASILEA	Basel	LVNE-BVRGVM	Lüneburg
BAVARIA	Bayern	MEDIOLANVM	Mailand
BAV		MOGVNTIA	Mainz
BOHEMIA	Böhmen	MOG	
BO (H)		MONASTER	Münster
BORVSSIA	Preußen	MON	
BOR		MORAVIA	Mähren
BRVNESVICVM	Braunschweig	NORIMBERGA	Nürnberg
BVINA	Bonn	NVSSIA	Neuß/Rhein
BVRGVNDIA	Burgund	POLONIA	Polen
BVRG		POL	
CLIVIA	Kleve	PRVSSIA	Preußen
COLONIA	Köln	SALISBVRGVM	Salzburg
COL(ON)		SAXONIA	Sachsen
CONFLVENTIA	Koblenz	SAX	
CONSTANTIA	Konstanz	SILESIA	Schlesien
DANIA	Dänemark	SIL	
DAN		TREMONIA	Dortmund
DRETMANNA	Dortmund	TIGVRINA	Zürich
FLANDRIA	Flandern	TREVERIS	Trier
FLAND		TR(E)	
FRANCOFORDIA	Frankfurt	THVRINGIA	Thüringen
FRIBVRGVM	Freiburg	THVR	
GERMANIA	Deutschland	VIENNA	Wien
GERM		VINDOBONA	Wien
HASSIA	Hessen	VORMATIA	Worms
HIBERNIA	Irland	VORM	
HIB		WRATISLAVIA	Breslau
HISPANIA	Spanien		
HISP			

Nun lässt sich z. B. die Umschrift des Maria-Theresia-Talers von 1780 wie folgt übersetzen:

Vorderseite (Vs.) M. THERESIA. D. G. R. IMP. HV. BO. REG.

Rückseite (Rs.) ARCHID. AVST. DVX. BVRG. CO. TYR.

Vs. MARIA THERESIA DEI GRATIA ROMANORUM IMPERA-
TRIX HUNGARIAE BOHEMIAE REGINA

Rs. ARCHIDUCISSA AUSTRIAE DUX BURGUNDIAE COMI-
TISSA TYROLIAE

Vs. Maria Theresisa von Gottes Gnaden römische Kaiserin, Königin von Ungarn und Böhmen

Rs. Erzherzogin von Österreich, Herzogin von Burgund, Gräfin
von Tirol

Auf jeder britischen Umlaufmünze ist heute noch folgende Abkür-
zung zu finden: D. G. REG. F. D. (DEI GRATIA REGINA FIDEI
DEFENSOR – Königin von Gottes Gnaden und Verteidiger des
Glaubens).

Der Sammler älterer Münzen (bis 1800) benötigt zur Auflösung
der diversen Abkürzungen ein Speziallexikon.

Zur Münzbestimmung (auch der Kleinmünzen des 19. Jahrhunderts) gehört außerdem das Erkennen von Wappen und Mono-
grammen. Wegen der großen Vielfalt kann hier nur auf spezielle
Fachliteratur verwiesen werden (s. S. 165 f.).

Bei modernen Münzen mag die folgende Tabelle eine kleine
Hilfe bieten (kyrillische und griechische Buchstaben sind nach un-
gefährem Schriftbild eingeordnet):

ΛΕΒΑ (Leva)	bulgar. Währung
ΛΕΠΤΑ (Lepta)	griech. Währung
ΔΡΑΧΜΑΙ (Drachmen)	griech. Währung
BRITT (Britannien)	Großbritannien
CCCP (SSSR)	UdSSR
ČECHY A MORAVA	Böhmen und Mähren
CTOTNHKN (Stotinki)	bulgar. Währung
DANSKE	Dänisch
DNHAPA (Dinara)	jugoslaw. Währung
ΕΛΛΗΝΙΚΗ	Griechenland
EESTI	Estland
EIRE	Irland

ESPANA	Spanien
HELVETIA	Schweiz
КОПЕЕК (Kopeken)	russ. Währung
LATVIJA	Lettland
LETZEBURG	Luxemburg
LIETUVA	Litauen
MAGYAR	Ungarn
MARKKA	finnische Währung
ПIАРА (Para)	Währung von Montenegro
NORGE	Norwegen
PENNIÄ	finnische Währung
POLSKA	Polen
PYbΛb (Rubel)	russische Währung
QINDARKA	albanische Währung
ROMANA	Rumänien
SHQIPËRI (Skipetaren)	Albanien
SLOVENSKA	Tschechoslowakei
SUOMEN/SUOMI	Finnland
SVERIGES	Schweden

Um die kyrillische und griechische Schrift besser erkennen zu können, wird auf die Transkriptionstabellen im Anhang des neuesten Duden aufmerksam gemacht.

Asiatische Jahreszahlen weichen oft von den westlichen ab. So beziehen sich die Jahreszahlen arabischer Länder auf Mohammeds Flucht von Mekka nach Medina im Jahr 622. Das arabische Jahr 1414 entspricht dem Jahr 1994 AD (arabisches Jahr $\times 0{,}97 + 622 =$ AD).

Die Münzen Thailands (früher Siam) sind mit Jahreszahlen nach buddhistischer Zeitrechnung versehen. Von der thailändischen Jahreszahl sind 543 Jahre abzuziehen, um auf unsere Zeitrechnung zu kommen ($2537 - 543 = 1994$ AD). Jahreszahlen von Äthiopien sind um 8 Jahre zu erhöhen ($1986 + 8 = 1994$ AD), die von Nepal um 57 Jahre zu reduzieren ($2051 - 57 = 1994$ AD).

Der Kalender Israels geht nach jüdischem Glauben auf die Weltschöpfung vor über 5700 Jahren zurück. Die hebräische Jahreszahl 5754 entspricht dem gregorianischen Jahr 1994 (Umrechnung = statt 57 .. 19 .. einsetzen, zu den beiden hinteren Zahlen 40 addieren).

Münzkärtchen und -karteikarten

Um alle Daten der Münzbestimmung festzuhalten, empfiehlt sich die Ausfüllung eines Kärtchens, das der Münze beigefügt oder in eine Kartei eingeordnet wird.

Ein solches Münzkärtchen könnte wie folgt aussehen:

LAND:	Brandenburg
MÜNZHERR:	Friedrich Wilhelm,
	der Große Kurfürst (1640–1688)
NOMINAL U. JAHR:	18 Groschen 1685
Mzz./Mmz.:	–/HS
KATALOG-NR.:	von Schrötter 1716
ERHALTUNG:	sehr schön
SONSTIGES:	LE 94044

Mzz. bedeutet Münzzeichen, also Kennbuchstaben der Prägeanstalt; Mmz. ist die Abkürzung für Münzmeisterzeichen, Kennbuchstaben der Münzmeister bis zum 19. Jahrhundert. Die Angaben unter »SONSTIGES« bedeuten den chiffrierten Kaufbetrag mit Kaufjahr und Lieferfirma (LE 94044 heißt: Von Firma Lehmann im Jahre 1994 für DM 44,– gekauft). Wer den Liefermonat einbeziehen möchte, kann die Monatszahl in römischen Ziffern (IX für September) einfügen = LEIX 94044.

Diese Verschlüsselung kann beliebig verändert oder erweitert werden, z. B. bei Einbeziehung der Nebenkosten mit Pfennigen. Auch ein Chiffre, das die Zahlen durch Buchstaben ersetzt, ist nicht leicht erkennbar. Viele Sammler bevorzugen eine solche Chiffrierung, damit weder Kaufpreis noch Erwerbsquelle für andere erkennbar sind.

Bei Sammlungen antiker Münzen ist die Anlage einer Kartei empfehlenswert. Dabei bietet sich der Vorteil, die Karte mit ausführlichen Beschreibungen und Abbildungen zu bereichern. So können ausführliche Angaben zur Vorder- und Rückseite sowie zu Material, Gewicht und Durchmesser festgehalten werden. Mit einem Foto (S. 133 ff.) oder Papierabrieb (S. 136 f.) lassen sich antike Münzen unverwechselbar beschreiben.

Im Münzenhandel sind vorgedruckte Karteikarten erhältlich.

Anstelle einer Münzkartei ist eine Auflistung per Computer eine sehr gute Alternative, auch für die Versicherung empfehlenswert.

Einteilung in Erhaltungsgrade

Eine Münzbeschreibung ist ohne Angabe des Erhaltungsgrades nicht komplett.

Die richtige Einschätzung des Erhaltungsgrades fällt dem beginnenden Münzsammler meist schwer; aber auch bei fortgeschrittenen Numismatikern ergeben sich hierbei manchmal Meinungsverschiedenheiten. Zwei provozierende Fragen mögen dies andeuten: Sind wenige stärkere Kratzer schlimmer als viele schwächere? Was ist ein stärkerer, was ein schwächerer Kratzer?

Vor der Klassifizierung der Erhaltungsgrade sei noch auf die Herstellungsgrade hingewiesen: Außer den Normalprägungen werden in der Bundesrepublik Deutschland speziell für Sammler Spiegelglanzmünzen hergestellt. Für diese Sonderanfertigungen werden ausgesuchte Münzplättchen mit polierten Stempeln beprägt.

In anderen Ländern (bis 1965 auch in Deutschland) gibt es so genannte »Polierte Platten« (engl. »proof«). Dieser Herstellungsgrad wird ebenfalls von polierten Stempeln geschaffen, aber unter Verwendung von besonders bearbeiteten (polierten) Münzplättchen.

Die einzelnen Herstellungs- und Erhaltungsgrade haben folgende Definitionen:

Herstellungsgrade

Polierte Platte (PP): Diese Münzen werden mit polierten Stempeln aus polierten Münzplättchen geprägt. Das Münzfeld hat einen tiefglänzenden Ton. Die Reliefpartien sind matt und heben sich vom Grund stark ab.

Spiegelglanz (Sp): Das Aussehen dieser Münzen ist ähnlich der Ausführung »Polierte Platte«. Im Münzgrund können bei kritischer Betrachtung winzige Mängel erkennbar sein. Diese Münzen wurden ebenfalls mit poliertem Prägestock geschlagen, aber aus nicht polierten Ronden. Es sind nur besonders ausgesuchte Normalplättchen.

Erhaltungsgrade

Stempelglanz (St): Im Gegensatz zu »Polierte Platte« und zu »Spiegelglanz« sind hier Feld und Relief von gleichem Ton. Es darf kein Zeichen des Gebrauchs und keine Beschädigung erkennbar sein.

Vorzüglich (vz): Hier erkennbare Kratzer sollten keine Gebrauchsspuren sein, sie sollten nur vom Herstellungsprozess stammen. Diese Erhaltungsstufe entspricht in den meisten Fällen den Bezeichnungen »stempelfrisch«, »prägefrisch« oder »bankfrisch«.

Sehr schön (ss): Diese Münzen sind in den Konturen noch scharf, zeigen aber normale Gebrauchsspuren (kleinere bis mittlere Kratzer sowie kleine Randfehler). Dieser Erhaltungsgrad ist bei den meisten Münzen des 19. und 20. Jahrhunderts die unterste noch sammelnswerte Erhaltungsstufe.

Schön (s): Hier sind starke Gebrauchsspuren und Abnützungen zu erkennen. Manche erhabene Stellen sind durch Umlauf abgegriffen bzw. abgerieben. Sonst sehr schöne Münzen mit nicht unerheblichen Randfehlern sind in dieser Stufe einzuordnen. Münzen in dieser Erhaltung sind nur dann sammelnswert, wenn sie selten sind.

Gering erhalten (ge): Das Gesamtbild ist noch erkennbar. Eine Münzbestimmung ist wegen nicht erkennbarer Jahreszahl oder Münzzeichen oft nicht mehr möglich. Münzen dieser Stufe sind nur in seltenen Fällen sammelnswert, man kann sie aber bei sonst nur mit unverhältnismäßig hohen Kosten zu füllenden Sammellücken als Belegstücke verwenden.

Diese Erhaltungsangaben findet man in Händlerlisten und Auktionskatalogen auch mit Zwischenstufen zum Beispiel »ss-vz« oder »ss+« oder »fast vz« oder »vz-«. Diese Bezeichnungen entsprechen ungefähr ein und dem gleichen Erhaltungsgrad. Manche Händler verwenden Zahlen als Erhaltungsangabe. Dies kann leicht zu Irrtümern führen, da z. B. die Zahl 3 in einigen Angeboten »vorzüglich« und in anderen Listen »sehr schön« bedeuten kann.

Die beiden folgenden Tabellen machen dies deutlich:

Händler A.			Händler B:		
1	=	PP	0	=	PP
2	=	St	1	=	St
3	=	vz	2	=	vz
4	=	ss	3	=	ss
5	=	s	4	=	s

Der Händler B geht davon aus, dass PP kein Erhaltungsgrad, sondern ein Herstellungsgrad ist.

In ausländischen Angeboten gibt es noch andere Bezeichnungen, z. B. in schwedischen Lagerlisten:

PP = P
St = 0
vz = 01
ss = 1+
s = 1
ge = 2

Bei jeder Bestellung ist es darum ratsam, die Bezeichnungen für Erhaltungsgrade genau zu prüfen.

Nicht nur die Bezifferung, auch deutsche Bezeichnungen können den beginnenden Sammler irritieren. So stellen wir fest, dass »schön« alles andere als schön ist.

Auch folgende Erhaltungsbezeichnungen können verwirren: unzirkuliert, stempelfrisch, prägefrisch, bankfrisch. Diese Erhaltungen entsprechen in manchen Fällen dem Grad »Stempelglanz« und zwar dann, wenn nicht der geringste Kratzer und der typische Prägeglanz vorhanden ist. Meistens weisen bankfrische Münzen leichte Beschädigungen (winzige Kratzer) aus Herstellung, Abfüllen, Transport und Lagerung auf; dann kann der Erhaltungsgrad Stempelglanz nicht mehr angesetzt werden, sondern nur vorzüglich.

Internationale Bezeichnungen für Erhaltungsgrade

Deutsch	Englisch	Französisch	Italienisch	Niederländisch	Schwedisch
Polierte Platte Stempelglanz	proof BU (brillant uncirculated)	flan bruni FDC (fleur de coin)	fondo specchio fior di conio	gepolijste stempel FDC	Spegelglans ocirkulerat ex.
stempelfrisch oder prägefrisch	unc (uncirculated)	superbe	splendido	prachtig	mycket vackert ex.
vorzüglich oder	ef (extremely fine)	Très très beau	BB (bellissimo)		
bankfrisch sehr schön schön gering erhalten	vf (very fine) f (fine) g (good) fair	TB (très beau) B (beau) bon b.c. (bien conservé)	MB (molto bello) B (bello) M (mediocre)	zeer fraai fraai goed	vackert ex. fullgott ex. daligt ex.

Weitere Erhaltungsbezeichnungen sind:

Berieben = Polierte Platte (oder Spiegelglanz-Münze) wurde wegen Anlaufens berieben. Durch leichte Schleifspuren ist eine solche Münze auf Stufe »vorzüglich« abgewertet!

Doppelschlag = Doppelt beprägte Münze (leicht versetzt)

Einfass-Spuren = siehe Henkelspur

Einhiebe = Erhaltung: bestenfalls »schön«

fleckig = Metallische Verfärbungen, meist durch äußere Einflüsse (z. B. unsachgemäße chemische Reinigung)

Gelocht = Durchbohrung, um Münze als Anhänger zu verwenden (s. a. gestopft)

Geputzt oder gereinigt = Stark gereinigte Münzen (meist mit scharfen oder falschen chemischen Mitteln). Abwertung je nach Effekt um $1/2$ bis 1 Stufe.

Gestopft = Gelochte Münze, deren Durchbohrung mit Lot gefüllt und beigeschliffen wurde. Erhaltung: bestenfalls »schön«.

Henkelspur = Lötspur am Münzrand (aus Verwendung als Anhänger). Wert wie Erhaltung »schön«.

Justiert = Bei älteren Münzen wurden zu schwere Münzplättchen vor der Prägung mit Justierfeilen auf das gewünschte Gewicht gebracht. Diese Feilspuren wurden nicht immer überprägt. Bis zum 18. Jahrhundert wurden auch Münzen nach der Prägung justiert.

Korrosionsspuren = z. B. Grünspan- oder Rostflecken

polierte Henkelspur = Weggeschliffene und polierte Henkelspur

Randfehler oder Randschaden = Durch Stoß, Schlag oder Fall erzeugte Defekte am Münzrand

Schrötlingsriss = Aufgeplatzter Schrötling (meist bei Prägung antiker Münzen)

Stempelriss = Aufgeprägte Riss-Spur (erhabener Fehler)

Überprägt = Ältere Münzen wurden oft nach Verruf und Einzug neu beprägt: Dabei ist das ursprüngliche Münzbild manchmal noch teilweise erkennbar.

Die Bestimmung eines Erhaltungsgrades darf bei älteren oder seltenen Münzen nicht großzügiger sein als bei Exemplaren dieses Jahrhunderts.

Wohl gibt es verschiedene Normen für die einzelnen Sammelgebiete: Bei einer Gold- oder Gedenkmünzensammlung kann man eine durchschnittlich bessere Erhaltung erwarten als bei einer Sammlung von Umlaufmünzen der gleichen Zeit.

Die untere Sammelgrenze für	liegt im allgem. bei
Gedenkmünzen seit 1945	vorzüglich
ältere Gedenkmünzen	sehr schön
Umlaufmünzen des 20. Jahrh.	sehr schön
Raritäten des 20. Jahrhunderts	schön
alte Gold- und Gedenkmünzen	schön
Münzen des Mittelalters und z. T. der Neuzeit	schön
ältere Raritäten	gering erhalten
Münzen der Antike	gering erhalten
Billionmünzen	gering erhalten
Primitivgeld	gering erhalten
Belegstücke und Raritäten 1. Ranges	gering erhalten

Erkennen von Münzfälschungen

Münzfälschungen sind aus allen Zeiten bekannt, seitdem es Münzen gibt. Römische Münzen aus unedlem Metall wurden nicht selten mit Silber ummantelt. Diese »gefütterten« Denare waren wahrscheinlich sogar offiziell in Auftrag gegeben worden, um Edelmetall zu sparen.

Einer der bekanntesten Münzfälscher der Neuzeit war der Hofrat Becker aus Speyer (1772–1830). Mit großem Ehrgeiz und bildhauerischer Begabung schnitt er in fast 30 Jahren 331 Prägestempel, die heute zum größten Teil im Staatlichen Münzkabinett in Ostberlin zu sehen sind. Unter Verwendung von geringwertigen antiken Münzen als Schrötling schuf er Falsifikate, die ihm zu seiner besonderen Genugtuung selbst von Münzkabinetten gern abgenommen wurden.

In einer »Spezialbehandlung« verlieh Becker seinen Prägungen ein antikes Aussehen: Er legte sie in einen an den Federn einer Kutsche befestigten und mit Eisenspänen gefüllten Kasten. Dieses Verfahren nannte er »seine alten Herren zwischen Bad Homburg und Frankfurt-Bonames spazieren fahren«. Einige Tage Lagerung im Mist oder in geschwefelten Fässern gaben den Münzen die fehlende Patina.

Heute werden die meisten Fälschungen antiker Münzen in Mittelmeerländern Touristen angeboten. Wer auf dem Gebiet der antiken Numismatik keine jahrelangen Erfahrungen hat, sollte sich vor solchen »Gelegenheitskäufen« unbedingt hüten! Teure Münzen sollte man überhaupt nur bei seriösen und erfahrenen Münzhändlern kaufen, die für die Echtheit ihrer Ware garantieren und im Falle eines Irrtums ein gefälschtes Stück zurücknehmen.

Die einfachsten Fälschungen sind gegossene Münzen (Ausnahme: Im Schleudergussverfahren hergestellte Stücke). Da aber Münzen fast immer nur geprägt wurden (außer dem römischen Schwergeld und einigen keltischen Münzen), sind diese Fälschungen bei genauerer Betrachtung oder mit der Lupe gut zu entlarven. Gussfälschungen weisen Luftbläschen oder Gussporen auf und haben eine körnige sowie weniger markante Oberfläche.

Auch galvanoplastische Kopien sind unter einem guten Aufsichtmikroskop (für Mineralogie oder Dermatologie) an der raueren Oberfläche zu erkennen. Besonders verräterisch ist bei Galvanos und bei gegossenen Münzen der Rand; durch Zusammenlöten von Vorder- und Rückseite bleiben fast immer Spuren von Nahtstellen sichtbar – auch bei nachträglichem Metallüberzug. Verdächtig sind in jedem Fall Feilspuren am Rand. Auch am Klang sind solche Stücke zu erkennen. Wichtige Unterscheidungsmerkmale sind außerdem Gewicht und Durchmesser.

Geprägte Fälschungen sind im Allgemeinen schwerer zu entlarven. Fälschungsgefährdete neuere deutsche Münzen sind im Katalog von Kurt Jaeger »Die deutschen Münzen seit 1871« mit einem Fälschungssymbol gekennzeichnet.

Festgestellte Fälschungen von deutschen Silber-Münzen seit 1918 (besonders häufige Fälschungen sind durch Kursivschrift des Nominals kenntlich gemacht):

5 RM 1925 A	1000 Jahre Rheinlande
3 + 5 RM 1927 A	100 Jahre Bremerhaven
3 + 5 RM 1927 F	450 Jahre Universität Tübingen
3 RM 1928 A	1000 Jahre Naumburg
3 RM 1928 D	1000 Jahre Dinkelsbühl
5 RM 1929 E	1000 Jahre Meissen
3 RM 1931 E	Kursmünze
5 RM 1932 A, F und J	100. Todestag v. Goethe
5 RM 1934 F	175. Geburtstag v. Schiller
5 RM 1958 J	Kursmünze
5 DM 1952 D	100 Jahre Germanisches Museum (statt 29,0 mm nur 28,2 – 28,5 mm)
5 DM 1955 F	150. Todestag v. Schiller (statt 29,0 mm nur 28,1 mm)
5 DM 1964 J	150. Todestag v. Fichte

 achdem sich hin und wieder fal=
sche Ducaten sehen lassen, so dem Hollän=
dischen Gepräge nachgemachet sind, und
nach ihrem innerlichen Wehrt nicht mehr
als 2.Thlr. 2.Ggr. 8 7/12 Pf. halten; So werden alle und
jede Sr. Königl. Majest. und Chur-Fürstl. Durchl. Un=
sers Allergnädigsten Herrn Unterthanen gewarnet, in
Annehmung der Holländischen Ducaten behutsam zu
gehen, und Acht zu haben, daß ihnen nicht von der fal=
schen Gattung einige mit untergeschoben werden.

Damit nun ein jeder wissen möge, woran man die
falschen Ducaten erkennen, und von denen gerechten und
guten Holländischen Ducaten unterscheiden könne; So
ist die auf folgendem Blatt befindliche umständliche Be=
schreibung davon entworffen, und wird hiermit zu je=
dermanns Nachricht bekannt gemachet.   Hannover
den 6.Febr. 1738.

Königl. Groß-Britannische zur Chur-Fürstl.
Braunschw. Lüneburg. Regierung verordnete
Geheimte-Räthe.

   H. Thr. Grote.

Fälschungshinweise aus dem 18. Jahrhundert

Am folgenden Beispiel sollen einige typische Fälschungsmerk-
male hervorgehoben werden. Die besonders häufig auftretende

Fälschung »450 Jahre Universität Tübingen« (5 RM) wird vom Berufsverband des Deutschen Münzenfachhandels e. V. in seinem Fälschungserkennungsdienst wie folgt beschrieben:

»Diese Fälschungen stammen aus der Werkstatt der flauen Weimar-Prägungen. Besondere Merkmale sind gesprenkelte Metalleinschlüsse, keine Metallverdrängungen, umgelegter Rand, dessen Randschriftbuchstaben Aufwulstungen zeigen. Auffallend ist, dass auf der Kopfseite über den Buchstaben I, T, T, T, B und N in UNIVERSITÄT TÜBINGEN dicke Metallwulste zwischen dem oberen Buchstabenrand und Randstab sind, über dem D in EBERHARD ist ein mitgeprägter dicker Punkt.« Besondere Vorsicht ist bei deutschen Goldmünzen der Jahrgänge 1871 bis 1914 geboten (siehe den Abschnitt über Nachprägungen in Kapitel »Goldmünzen«, S. 61 f.). Auch amerikanische Golddollars wurden in den letzten Jahren massenweise gefälscht. Darum nochmals: Kauf teurer Münzen nur über den Fachhandel!

In fast allen Münzzeitschriften wird regelmäßig auf Fälschungen in Wort und Bild aufmerksam gemacht. Allein aus diesem Grund lohnt sich ein Abonnement einer Fachzeitschrift immer.

Manche fälschungsverdächtige Münzen können heute nur noch mit modernsten Prüfverfahren entlarvt werden, da auch die Fälscher mit Geräten und Maschinen neuester Technik arbeiten.

Der Philosoph Ernst Bloch sagte mal: »Die Fälschung unterscheidet sich vom Original dadurch, dass sie echter aussieht.« Dieses Zitat sollte sich jeder Münzsammler merken, um sich in Vorsicht zu schulen.

Die Adresse des oben genannten Fälschungserkennungsdienst: *Hartmut Schoenawa, Ostlandstr. 12, 38315 Werlaburgdorf, (Tel. 0 53 35-9 49 66)*

Numismatische Hilfsmittel

Lupen: Das wichtigste Hilfsmittel des Münzsammlers ist eine gute Lupe. Das übliche Angebot umfasst den Bereich von 1,5- bis 15fache Vergrößerung. Bei Kauf einer Lupe sollte man mehrere Stärken prüfen, da mit dem Vorteil der zunehmenden Vergrößerung der

Nachteil des kleiner werdenden Sichtfeldes verbunden ist. Im Bereich 5- bis 8facher Vergrößerung bieten sich für die Münzbestimmung die brauchbarsten Lupen an. Für zu Hause und Vereinstreffen ist eine Leuchtlupe mit Batteriebetrieb empfehlenswert. Für die Rocktasche (oder Handtasche) eignen sich besonders für Besuche von Münzbörsen Einschlaglupen mit dreifacher Vergrößerung oder besser noch Stiel- bzw. Standlupen zwischen 5- bis 8facher Vergrößerung.

Asphärische Lupen sind besonders verzerrungsfreie, gestochen scharfe Vergrößerungsgläser, die aber auch erheblich teurer als Normallupen sind.

Wer winzigste Einzelheiten einer Münze erkennen möchte, sollte zum preiswerten Stabmikroskop greifen. Bei 30facher Vergrößerung und eigener Beleuchtung wird in einem Gesichtsfeld von 3,6 mm Durchmesser alles genauestens sichtbar. Noch feinere Beobachtungen – z. B. bei Fälschungsprüfungen – werden durch ein stereoskopisches Aufsichtsmikroskop ermöglicht.

Für Brillenbenutzer gibt es Vorsetz- oder Aufstecklupen von 3- bis 5facher Vergrößerung.

Weitere Speziallupen sind Visolettlupen (helles Sichtfeld), Fadenzähler (Standlupen zwischen 6- und 10facher Vergrößerung), Augenklemmlupen (Uhrmacherlupen) und bikonvexe Lupen (mit größerer Tiefenschärfe).

Schieblehre: Der Sammler älterer Münzen (vor dem 19. Jahrhundert) braucht zur genauen Größenbestimmung eine Präzisions-Schieblehre. Dieses Hilfsmittel ist besonders für den Sammler antiker Münzen unentbehrlich; für das Erkennen von Fälschungen aber sollte es jeder Sammler von Münzen besitzen.

Münzwaage: Seitdem Edelmetalle als Zahlungsmittel gelten, wurde eine Waage benötigt, um die Gewichtsverhältnisse zu bestimmen. Seit der Einführung der Münze brauchte man die Waage nur noch zu Kontrollzwecken. Münzverschleiß und Fälschungsgefahr ließen die Münzwaage bis in die Neuzeit nie überflüssig werden.

Für den Sammler von antiken Münzen werden moderne Taschenwaagen mit einer Genauigkeit bis zu $1/100$ Gramm angeboten.

Zur Fälschungserkennung – besonders für Goldmünzen – ist eine solche Waage unentbehrlich. Apotheker- oder Laborwaagen lassen sich für diese Zwecke auch gut verwenden.

Sonstige Hilfsmittel: Pinzetten (auch kombinierte Lupenpinzetten) werden kunststoffbeschichtet angeboten, um damit die Münzen ohne Beschädigung greifen zu können. Da die Kunststoffbeschichtung schnell verschleißt und Münzen dann gefährdet sind, muss die Pinzette öfters kontrolliert werden.

Manche Münzsammler fassen ihre Münzen nur mit Leinenhandschuhen an, um Anlaufschäden zu vermeiden – bei leicht schwitzenden Händen sicher ein wichtiger Schutz. In der Höhe verstellbare Tischlampen, die wechselweise auf Weißlicht oder Mischlicht geschaltet werden können, erleichtern die Münzbestimmung bei nicht ausreichenden natürlichen Lichtverhältnissen.

In einem neuerdings angebotenen Prüfgerät sind verschiedene Lupen mit Punktstrahler und einem Präzisions-Messfeld vereinigt worden. Dieses Gerät erleichtert die »stationäre« Münzbestimmung zweifellos, es dürfte aber »ambulant« etwas umständlich einsetzbar sein. Da wird die gute alte Lupe weiterhin handlicher sein.

Wie beschaffen?

Ladengeschäfte und Versandhandel

Es gibt verschiedene legitime Möglichkeiten, an Münzen zu kommen: Schenken lassen, erben, kaufen oder eintauschen. Bei den ersten beiden Alternativen besteht kein Risiko.

Dagegen kann der käufliche Erwerb auf einem Flohmarkt, bei einem Straßenhändler oder Trödler eines Mittelmeerlandes oder auch in einem Antiquitätengeschäft ein Reinfall werden, wenn man dort statt Originalen unter Umständen Fälschungen erhält. Es ist deshalb besser, Münzen nur von Banken, Sparkassen und Fachhändlern zu kaufen, besonders von solchen, die einem der folgenden Fachverbände angeschlossen sind, und deren Symbol in Anschrift oder Inseraten verwendet wird:

Verband der Deutschen Münz-
händler e. V., Schriftführer:
Helmut Caspar,
Postfach 3 37, 10247 Berlin

Berufsverband des Deutschen
Münzenfachhandels e. V.,
H. Schoenawa, Ostlandstr. 12,
38315 Werlaburgdorf

A. I. N. P. = Association Internatio-
nale des Numismates Professionelles
J. P. Divo, Löwenstr. 65,
CH-8001 Zürich

Es darf nicht unerwähnt bleiben, dass es etliche angesehene Münzhändler gibt, die keinem Verband angehören.

Um die Spreu vom Weizen zu trennen, d. h. seriöse nicht verbandsangehörige Münzhändler von weniger empfehlenswerten Händlern zu unterscheiden, ist ein numismatischer Anfänger auf den Rat erfahrener Sammler angewiesen. Für ihn ist es darum einfacher, sich an die verbandsangehörigen Händler zu halten.

In jeder größeren Stadt ist mindestens ein seriöser Münzhändler zu finden, dessen Angebot im Schaufenster und Laden zu besichtigen ist. Manche Händler haben sich auf bestimmte Sammelgebiete spezialisiert, bei den meisten aber findet man Münzen aus aller Welt und allen Zeiten. Im Ladengeschäft eines Münzhändlers kann man sich vor jedem Kauf fachmännisch beraten lassen, auch was Fachliteratur, Unterbringung der Münzen, Hilfsmittel und anderes betrifft.

Der Sammler, dem es zum nächsten Ladengeschäft eines Münzhändlers zu weit ist, kann sich auf dem Versandweg Münzen beschaffen. Viele Händler verschicken regelmäßig Lagerlisten, in denen die Münzen der bevorzugten Sammelgebiete mit genauen Erhaltungsangaben und Preisen aufgeführt sind.

Der Kauf auf dem Versandwege hat Vor- und Nachteile.

Vorteile:

a) Man kann in aller Ruhe die Lücken der eigenen Sammlung mit dem Listenangebot vergleichen.

b) Ausgiebiger Preisvergleich mit Konkurrenzangeboten ist möglich.

c) Die Preise können anhand von Katalogen ungestört geprüft werden.

d) Man kann zu keinem Kauf überredet werden.

e) Zahlung nach 8 bis 14 Tagen nach Lieferung (Erstlieferung erfolgt per Nachnahme).

Nachteile:

a) Risiko, dass bestellte Ware ganz oder teilweise vergriffen ist (telefonische Bestellung verringert das Risiko).

b) Kleinere Auswahl (Liste ist nur Auszug des Lagerbestandes).

c) Kauf erfolgte ohne vorherige Besichtigung. Der Erhaltungsgrad könnte z. B. schlechter sein als erwartet.
d) Nicht zusagende Münzen sind umständlicher und mit Mehrkosten zurückzugeben.
e) Die fachmännische Beratung fehlt.
f) Zusätzliche Porto- und Verpackungskosten (bei kleineren Bestellungen ein nicht unerheblicher Anteil).

Jeder Münzsammler muss also abwägen, welche Kriterien für ihn wichtiger sind. Am besten ist es, wenn er beide Kaufmöglichkeiten selbst mehrfach erprobt. So wird z. B. der beginnende Münzsammler nicht auf fachmännischen Rat verzichten können. Neben dem seriösen Fachhandel betreiben auch »Hechte im Karpfenteich« ihr Münzunwesen. Einige »fliegende Händler«, die von einem Vereinsabend zum anderen reisen und auch viele Sammlerbörsen »beehren«, bieten billige Massenware oder Münzen in relativ schlechter Erhaltung zu überhöhten Preisen an. Manche von ihnen haben ihre Münzen nicht mal mit Preisen ausgezeichnet. Hier ist besondere Vorsicht angebracht. Bei Kaufinteresse eines Sammlers lassen sie sich dann Preisvorstellungen nennen, die mitleidig lächelnd abgetan werden, wenn sie nicht ihren hochgestellten Erwartungen entsprechen. Wenn solche Händler gefragt werden, warum keine Preise bei den Münzen zu finden sind, antworten sie: »Dazu kam ich aus zeitlichen Gründen nicht« oder »Von diesem Sammelgebiet habe ich leider keine genauen preislichen Vorstellungen.«
Dann gibt es eine Sorte von Händlern, die statt umfangreicher Kenntnisse viel Pseudowissen besitzen, das sie lautstark und manchmal mit eigensinniger Rechthaberei verbreiten. Sie bluffen manchen Anfänger und überreden ihn zu unsinnigen oder übersteuerten Käufen.
Auch im Versandhandel präsentieren sich »schwarze Schafe«: So sind nicht wenige Briefkastenhändler und Hinterhoffirmen bekannt, die wenig Qualität für viel Geld anbieten. Besonders gefährlich wird es für Sammler, wenn sie versuchen, auf dem Versandwege Münzen an Händler zu verkaufen. Hier sind vorher genaue Erkundigungen (im Münzverein, bei versierten Sammlern oder durch Bankauskünfte) einzuholen. Dabei besteht nicht nur die

Gefahr, dass ein unseriöser Händler mit den anvertrauten Münzen verschwindet oder Konkurs anmeldet, sondern auch das Vertauschen von Münzen gegen schlechtere Erhaltungen! Um diese Risiken zu vermeiden, wendet man sich sowohl bei Kauf wie bei Verkauf an die Händler der genannten Fachverbände (Adressen s. Kapitel »Wie informieren? – Münzhändler«, S. 110 f.).

Auktionen

Wer Münzen ersteigern möchte, bestellt bei einem Auktionator für € 5,– bis € 10,– einen Katalog, der mit vielen Abbildungen und Schätzpreisen ausgestattet ist.

Einige Münzhändler erstatten die gezahlte Schutzgebühr in der Auktionsrechnung. Festen Kunden werden die Kataloge oft ohne Berechnung überlassen. Anhand des Auktionskataloges kann der Sammler entweder schriftlich ein Gebot abgeben oder die Versteigerung besuchen, um selbst mitzusteigern. Die üblichen Steigerungsstufen betragen bei

Schätzpreisen bis zu	100,– € =	2,– €
100,– € bis	250,– € =	5,– €
250,– € bis	500,– € =	10,– €
500,– € bis	1 000,– € =	25,– €
1 000,– € bis	2 500,– € =	50,– €
2 500,– € bis	5 000,– € =	100,– €
5 000,– € bis	10 000,– € =	250,– €
ab 10 000,– €		500,– €

Der Zuschlag erfolgt nach dreimaligem Ausruf des höchsten Gebotes und verpflichtet zur Abnahme. Auf den Zuschlagspreis werden vom Auktionator im Allgemeinen 12 bis 15 % Aufgeld erhoben. Nun ergibt sich der umsatzsteuerpflichtige Betrag, auf den die Mehrwertsteuer berechnet wird. Bei Silbermünzen und -medaillen, die nach 1915 geprägt wurden sowie Goldmünzen und -medaillen, deren Rechnungswert ohne Mehrwertsteuer das 2,5fache des Metallwertes nicht übersteigen, wird der volle Mehrwertsteuersatz erhoben, in allen anderen Fällen der halbe Mehrwertsteuersatz.

Kursgültige Goldmünzen bleiben mehrwertsteuerfrei.

Vor jedem schriftlichen Auktionsauftrag oder -besuch sind unbedingt zur Vermeidung von Missverständnissen die Versteigerungsbedingungen am Anfang des Kataloges durchzulesen, da sie oft unterschiedlich sind. Jeder Sammler, der auf einer Auktion mitbieten möchte, muss die Werte der zu erstehenden Münzen genau kennen. Um ein Überbieten in der Hektik des Steigerns zu vermeiden, sollte man vor Besuch einer Auktion die Höchstpreise (unter Einbeziehung des Aufgeldes) neben den Schätzpreisen notieren.

Das folgende Beispiel veranschaulicht die Versteigerung einer Münze: Im Auktionskatalog ist eine deutsche Silbermünze der Kaiserzeit mit dem Schätzpreis von € 1000,– aufgeführt. Das höchste schriftliche Gebot beträgt € 1500,–, das zweithöchste € 1300,–. Die Anwesenden bieten maximal € 1250,–. Bei manchen Versteigerern erfolgt dann der Zuschlag nicht auf das Höchstgebot von € 1500,–, sondern auf € 1350,– zugunsten des Bieters, der mit einer Stufe über dem letzten Gebot liegt. Auf den Zuschlagspreis von € 1350,– werden 15 % Auktionsgebühr von € 202,50 + Versandkosten von € 12,50 erhoben, das entspricht einem Rechnungsbetrag von € 1565,– + 7 % Mehrwertsteuer = € 109,55 = zu zahlender Betrag von € 1674,55.

Es werden aber nicht nur teure Münzen versteigert, sondern durchaus auch solche ab einem Einzelwert von € 20,–. Besonders Münzen von weniger häufigen Sammelgebieten sind auf Auktionen günstig zu erwerben.

Wer Münzen über eine Auktion verkaufen will, muss sich Monate vor dem Versteigerungstermin mit dem Auktionator in Verbindung setzen, d. h. anfragen, ob Interesse an den angebotenen Stücken besteht. Gleichzeitig sollten die Einlieferungsbedingungen angefordert werden, um sich über Provisionshöhe, Zahlungstermin und andere wichtige Vertragsbestandteile zu informieren.

Nicht wenige Auktionskataloge gehören schon nach einigen Jahren zur gesuchten Literatur, da sie oft ansehnliche oder gar bedeutende Sammlungen (Auflösung von Nachlässen) enthalten, für die es keine Nachschlagwerke gibt. Wer also diese Kataloge nicht aufbewahren möchte, sollte sie nicht wegwerfen, sondern besser einem anderen Sammler oder einem Münzverein überlassen.

Auktionshäuser (nach Postleitzahlen)

DEUTSCHLAND

01067 Dresden, Hille, Peter, Wallstr. 7
01097 Dresden, Kohl-Numismatik, Neustädter Markt 9
04109 Leipzig, Heidrun Höhn, Brühl 52
10115 Berlin, Priese & Mehlhausen oHG, Chausseestr. 16
10243 Berlin, Hadersbeck Auktionen, Erich-Steinfurth-Str. 8
12099 Berlin, Heinz Senger, Bacharacher Str. 39
15738 Zeuthen, ARTEMON, Goethestr. 24
20097 Hamburg, H. M. Cortrie, Heidenkampsweg 76b
20537 Hamburg, EMPORIUM, Sorbenstr. 47
33829 Borgholzhausen, Teutoburger Münzauktion,
       Kleekamp 54
34314 Kassel-Espenau, Harald Möller GmbH, Heideweg 2
38315 Werlaburgdorf, H. Schoenawa, Ostlandstr. 12
40237 Düsseldorf, H. Winter, Grafenberger Allee 61
42697 Solingen, Münzzentrum, H.W. Müller, Kelderstr. 6
45138 Essen, K. W. Schenk-Behrens Nachf., Moltkeplatz 9
48151 Münster, Monasterium, Weseler Str. 229
49076 Osnabrück, F. R. Künker, Gutenbergstr. 23
49078 Osnabrück, M. Olding, Goldbreede 14
50667 Köln, H. J. Knopek, Alter Markt 55
50667 Köln, Kölner Münzkabinett, Neven-Dumont-Str. 15
59475 Soest, Westfähl. Auktionsges., H.G. Hild,
       Niederbergheimer Str. 11a
59821 Arnsberg, Westfäl. Auktionsges., Udo Gans, Nordring 22
60311 Frankfurt, Frankfurter Münzhandlung GmbH,
       Friedensstr. 6–10
60322 Frankfurt, Dr. Busso, Peus Nachf., Bornwiesenweg 34
60489 Frankfurt, Münzkontor Frankfurt, Reifenberger Str. 57
63303 Dreieich-Götzenhain, K. B. Garlich,
       Albert-Schweitzer-Str. 24a

68165 Mannheim, Kurpfälzische Münzhandlung,
Augusta-Anlage 52
69115 Heidelberg, Herbert Grün, Blumenstr. 13
70182 Stuttgart, Stefan Sonntag, Charlottenstr. 4
76131 Karlsruhe, Dr. Claus-W. Hild, Rintheimer Str. 2
79509 Lörrach, Münzen & Medaillen Deutschland GmbH,
Postfach 19 34
80333 München, Athena-Münzhandlung, Ottostr. 5
80333 München, Hauck & Aufhäuser, Löwengrube 12
80333 München, Gorny & Mosch GmbH,
Maximiliansplatz 20
80333 München, Gerhard Hirsch, Promenadeplatz 10
80333 München, Numismatik Lanz, Maximiliansplatz 10
80333 München, Joker KG, Stiglmaierplatz 2
90402 Nürnberg, Gradl & Hinterland, Königstr. 33–37
90459 Nürnberg, R. Schimmer GmbH, Karl-Bröger-Str. 23
95444 Bayreuth, Bayreuther Münzhandlung, Alexanderstr. 15
98602 Meiningen, Südthüringer Münzen-Auktion, G. Rommel,
Postfach 10 02 65
98617 Meiningen, Günter Rommel, Ernestinerstr. 43

ÖSTERREICH
A-1010 Wien, Dorotheum, Dorotheengasse 17
A-1010 Wien, Hans Dieter Rauch GmbH, Graben 15
A-1011 Wien, Peter Sauer, Kärntner Str. 21–23
A-8011 Graz, Münzhandlung Lanz, Hauptplatz 714
A-5020 Salzburg, W. F. Frühwald, Clemens-Krauss-Str. 22

SCHWEIZ
CH-4002 Basel, Münzen & Medaillen AG, Malzgasse 25
CH-4002 Basel, USB AG, Aeschenvorstadt 1
CH-8001 Zürich, Leu Numismatik AG, In Gassen 20
CH-8001 Zürich, Sotheby's AG, Postfach
CH-8001 Zürich, Spink Taisei, Numismatics Ltd., Löwenstr. 65
CH-8023 Zürich, Hess-Divo AG, Löwenstr. 55
CH-8025 Zürich, Numismatica AG, Niederdorfstr. 43
CH-8098 Zürich, UBS AG, Bahnhofstr. 45

Kauf und Tausch im Verein

Es gibt viele Münzsammler, die sich einem Verein gegenüber ablehnend verhalten – sei es durch irgendwelche unerfreuliche Erfahrungen oder durch eine allgemeine Antipathie gegen Vereine als solche. Diese Vorbehalte sollte ein beginnender Münzsammler nicht haben oder möglichst überwinden; er sollte die Vereinsabende des nächsten Münzclubs unverbindlich besuchen, um sich ein eigenes Urteil zu bilden. Meistens wird er feststellen, dass er sich als Anfänger nicht zu schämen braucht und hier manche Erfahrungen sammeln oder austauschen kann. Der Kontakt zu anderen Sammlern ist für ihn zumindest so lange wichtig, bis er ein bestimmtes Sammelgebiet verfolgt und den Grundstock dazu besitzt. Bei einem Sammlertreffen, das im Allgemeinen einmal monatlich erfolgt, kann man fast immer Münzen kaufen, sei es von Vereinsmitgliedern oder von besuchenden Händlern.

Der Tausch von Münzen kommt leider nicht oft zustande, da die doppelten Münzen des Partners meist die schon vorhandenen, d. h. häufige Exemplare sind. Bei Auflösung einer Teilsammlung oder Verlagerung auf ein anderes Sammelgebiet werden hier und da interessante Angebote gemacht. Mithilfe von Spezialkatalogen findet man eine für beide Seiten gerechte Tauschbasis. Beginnende Sammler sollten möglichst im Beisein eines neutralen erfahrenen Münzsammlers tauschen.

Mehr über Münzsammlervereine ist im Kapitel »Wie informieren?« (S. 108 ff.) zu finden.

Wie aufbewahren und sichern?

Um es gleich vorwegzunehmen: Es gibt keine ideale Aufbewahrungsform für alle Münzarten. Jedes System hat Vor- und Nachteile.

Für den Münzsammler sind folgende Voraussetzungen wichtig, die in keinem System alle vereint sind:

Die Münzen sollen:

a) gut sichtbar sein
b) vor Staub und mechanischen Schäden geschützt sein (z. B. Kratzer)
c) vor chemischen Schäden geschützt sein (z. B. Grünspan, Rost oder Anlaufschäden)
d) leicht umzuordnen sein (bei Neuzugängen)
e) platzsparend untergebracht sein
f) zusammen mit einer Beschreibung aufgehoben werden
g) repräsentativ (ausstellungsreif) aufbewahrt werden
h) in leicht transportablen Behältnissen liegen (ohne durcheinander- oder herauszufallen)
i) in einem preiswerten System eingeordnet sein
j) möglichst hinderungsfrei greifbar sein
k) beidseitig zu betrachten sein, ohne sie selbst anzufassen
l) im Banksafe oder Mauertresor leicht unterzubringen sein

Die Anforderungen zu j) und k) schließen sich gegenseitig aus; aber das eine wird von diesen, das andere von jenen Sammlern gewünscht.

Die zwei beliebtesten Unterbringungsarten sind Münzalben und Münzkästen.

Die Münzalben erfüllen Folgende der genannten Kriterien: a), b), e), h), i), k), l). Einige Fabrikate entsprechen auch den Voraussetzungen nach c) und f).

Die Münzkästen zeichnen sich durch folgende Vorzüge aus: a), b), c), d), f), g), i), j). Der Punkt h) trifft mit leichten Einschränkungen ebenfalls zu.

Alben

Bei den Alben sind fünf Haupttypen zu unterscheiden:
1. *Alben mit Folienseiten.* Jede Seite ist in 4 bis 48 Einstecktaschen unterteilt (je nach Münzgröße). Diese Alben gibt es ohne und mit Beschriftungsstreifen – sowohl unter als auch neben der Münze. Bei anderen Alben eignen sich auch die weißen Trennseiten zur Beschriftung (möglichst mit Bleistift!). Viele dieser Alben gelten als nicht oxydsicher; darum sollten in ihnen die Münzen nur kurzfristig untergebracht werden. Bei langfristiger Aufbewahrung in Alben müssen die Münzen regelmäßig auf Veränderungen kontrolliert werden. Besonders Spiegelglanz- und PP-Münzen sollten wegen eventueller Anlaufschäden nicht in diesen Alben aufbewahrt werden.
2. *Alben mit Coin-Holdern.* Holder sind quadratische weiße Papprähmchen mit runden Ausschnitten (je nach Münzgröße). Jede Münze liegt in einem eigenen Holder hinter Zellophan. Diese Münzrähmchen werden in Folienseiten eingesteckt; sie können vorher mit den wichtigsten Daten beschriftet werden. Vorteil: Die Münzbeschreibung begleitet die Münze bei jedem Umsortieren. Ein weiterer Vorteil ist die problemlose Unterbringung verschiedener Münzgrößen in jeder Reihenfolge.
3. *Alben mit Platinen.* Ähnlich wie die Holder verhindern die Platinen das Hin- und Herrutschen bzw. das Verdrehen der Münzen innerhalb der Folientasche. Die Platinen sind quadratische samtüberzogene Kunststoffrähmchen, in die zentrische Kreise in feinen Abstufungen fast durchstochen sind. Aus der Platine lässt sich in beliebigem Durchmesser ein kreisförmiges Loch herausdrücken, in das die vorgesehene Münze genau eingepasst wird. Diese Münzrähmchen lassen also wie die Holder die Unterbringung verschiedener Münzgrößen nebeneinander zu. Der Vorteil des eleganteren Aussehens ist mit dem Nachteil der fehlenden Beschriftung verbunden.
4. *Vordruckalben.* Auf weißem Unterlegekarton ist für jede Münze eines Jahrgangs und Münzzeichen ein Platz reserviert. Nach jeder Motiváenderung folgt eine neue Abbildung. Bei diesem System ist jede Sammlungslücke sofort sichtbar.

5. *Alben mit Hartplastiketuis.* Eine oder mehrere Münzen werden hier in 5×5 cm große Klarsichtkästchen gelegt, die 7 mm dick sind. Die Kästchen lassen sich durch ein besonderes Profil neben- und übereinander zusammenstecken, sodass ganze Albumseiten entstehen. In einem Einband zusammengefügt lassen sich die Münzen auch senkrecht aufbewahren, was bei anderen Münzalben wegen Verziehens und Verformens nicht ratsam ist. Ein Oxydieren der Münzen ist bei diesem System nicht zu befürchten.

In vielen Fällen ist es eine Frage des Geschmacks, für welches Aufbewahrungssystem man sich entscheidet. Der numismatische Anfänger ist auch hier auf den Rat erfahrener Sammler oder Fachhändler angewiesen. Sowohl auf Sammlertreffen wie auf Münzbörsen sind die verschiedensten Aufbewahrungsarbeiten zu sehen. Hier sollte man sich nicht scheuen, nach Vor- und Nachteilen zu fragen. Bei größeren Münzhändlern sind fast alle gängigen Systeme im Laden zu vergleichen; die Entscheidung fällt dann bei entsprechender Beratung nicht mehr so schwer.

Münzkästen, Münzschränke und Münzkoffer

Bis vor vier Jahrzehnten bewahrten Sammler ihre Münzen fast ausschließlich in Münzschränken auf. Für nicht wenige Sammler waren Münzschränke wegen der Einzelanfertigung zu teuer. Erst in den Siebzigerjahren begann eine serienweise Produktion von Münzkästen und -schränken aus Holz bzw. Kunststoff. Das meistverkaufte Fabrikat wird in zwei Kästengrößen (8 und 10 Schuber) hergestellt, ein anderes in drei Einheiten (4, 8 und 16 Schuber). Die Schuber sind in verschiedenen Aufteilungen – von 9 bis zu 100 Feldern – zu haben. Jedes Feld kann mit grünen, blauen und roten Filzquadraten ausgelegt werden. Schuber ohne Felder lassen sich mit verschieden großen Einlegeschächtelchen aus Kunststoff individuell unterteilen. Diese variable Aufteilung ermöglicht eine Vielfalt an Kombinationsmöglichkeiten.

Die Schuber lassen sich mit Plexiglasscheiben abdecken. Als Diebstahlschutz bei Ausstellungen und Münzbörsen sowie als

Staubschutz bei Einzelaufbewahrung von Schubern sind die Scheiben sehr empfehlenswert. Im Übrigen ist der Staubschutz schon durch die Konstruktion des Münzkastens weitgehend gewährleistet.

Die Münzkästen lassen sich in Spezialschränken zu repräsentativen Systemen zusammenstellen.

Ein anderes Kastensystem besteht aus stapelbaren Einzelelementen (für jeden Schuber ein eigenes Kunststoffgehäuse). Diese Konzeption erlaubt den schrittweisen Aufbau der Unterbringungsform verbunden mit den Nachteilen des höheren Einzelpreises und des erhöhten Platzbedarfs. Schuber ohne Feldeinteilung lassen sich mit Spezialrähmchen für Münzen verschiedener Größen beliebig einteilen.

Ebenfalls nach dem Baukastenprinzip funktioniert ein so genannter Endlos-Münzschrank, dessen dreiteiliges Grundelement um beliebig viele Ergänzungstableaus erweitert werden kann. Jede Kombination von Münztabletts kann durch ein Zentralschloss verriegelt werden, das natürlich keine Sicherung vor Einbruchdiebstahl darstellt, sondern nur vor heimlichem Zugriff in kurzer Abwesenheit schützen kann, d. h. vor Diebstahl einzelner Münzen.

Für den Transport von Münzen sind besonders Münzkoffer geeignet. Ähnlich wie Münzkästen bestehen sie aus Kasten und Schubern. Die Schuber sind größer und der Kasten ist stabiler gestaltet. Tragegriff, Patentschlösser und relativ rutschfester Sitz der Münzen sind die Unterschiedsmerkmale zu Münzkästen. Spezialausführungen sind mit Zahlenkombinationsschloss oder einer netzunabhängigen Alarmanlage ausgestattet.

Paletten, Kassetten, Schatullen und Etuis

Münzpaletten sind im Gegensatz zu Schubern Tabletts, die ohne Kasten oder Schrank übereinander gestapelt werden, und nur durch Anheben der darüberliegenden Paletten herausziehbar sind. Die Tabletts gibt es sowohl mit speziellen Vertiefungen für die Hauptsammelgebiete als auch in allgemeinen Aufteilungen von 12 bis 54 Feldern. Das Material der Paletten besteht aus samtartigem

Münzkasten, der in zwei verschiedenen Größen mit 10 bzw. 8 Schubern erhältlich ist.
Schubereinteilungen: Typ 1: a) 100; b) 81; c) 64; d) 49; e) 36; f) 25;
g) 9 Fächer und ohne Inneneinteilung
Typ 2: a) 81; b) 49; c) 25 und d) 9 Fächer
Außer diesen Einteilungen gibt es noch eine variable Aufteilung mit Einlegeschächtelchen für verschieden große Münzen.

Münzkoffer mit vier verschiedenen Feldeinteilungen
(7 × 11, 6 × 9, 5 × 8 und 4 × 6 Fächer).

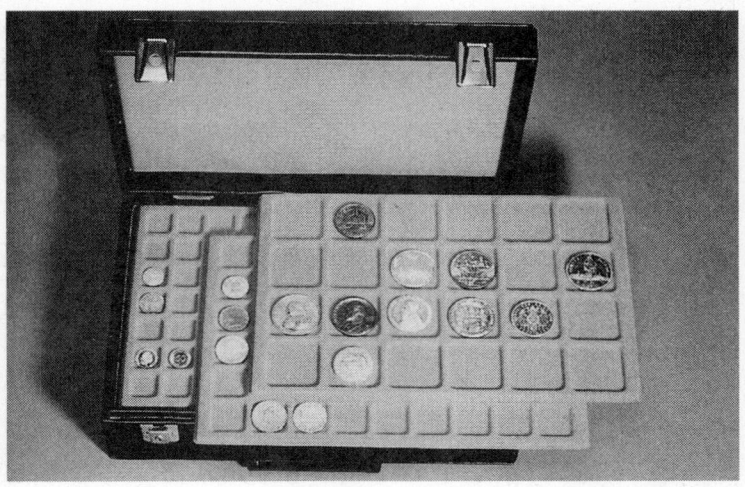

blauen Kunststoff. Sonderfarben wie weinrot, smaragdgrün und schwarz sind gegen Aufpreis erhältlich. Mit glasklaren Abdeckplatten sind die ansprechend gestalteten Paletten vor Umwelteinflüssen geschützt und ausstellungsreif.

Wer seine Münzen in selbstgestalteten Formationen unterbringen möchte, kann dies in zwei verschiedenen Kassettensystemen realisieren.

Zum einen gibt es da Klarsichtkassetten in DIN-A-5-Größe, in denen Schaumstoffplatten liegen. Mit einem speziellen Schneidgerät lassen sich für jede Münzgröße kreisförmige Löcher in die Trägerplatte schneiden, sodass die Münzen passgenau im Schaumstoff eingebettet von beiden Seiten der Kassette zu betrachten sind.

Zum anderen System: Diese Kassetten – bei kleineren Formaten auch Patentetuis genannt – sind aufklappbar und mit Samt und Seide ausgeschlagen. Durch eine Spezialentwicklung sind die Patentkassetten, -schatullen und -etuis so konstruiert, dass eine in das Samtbett gedrückte Münze eine Vertiefung zurücklässt, die unverändert und passgenau bleibt. Diese Behältnisse sind auch mit vom Hersteller ausgearbeiteten Vertiefungen für besondere Sammelgebiete wie für gleich große Münzen lieferbar.

Sonstige Aufbewahrungssysteme

Seitdem die Klarsichthüllen vieler Münzalben wegen Oberflächenveränderungen an Münzen von manchen Sammlern gemieden werden, konnten sich neben anderen Systemen auch Hartplastikdosen durchsetzen. Diese formschönen Plexiglasdosen gibt es für verschiedene Münzgrößen. Zwischengrößen werden mit Distanzringen oder Inletts genau eingepasst. Besonders für wertvolle Münzen oder solche in PP- oder Spiegelglanzausführung ist diese Unterbringung empfehlenswert.

Die billigsten Behälter für Münzen dürften Tüten sein. Solche aus Papier gehören neben den Münzschränken zu den ältesten Aufbewahrungsarten für Münzen. Wer Papiertüten wählt, sollte möglichst braune nehmen, da weiße geschwefelt sind und Metallverfärbungen auslösen können.

Tüten aus Zellophan oder Plastik haben den Vorteil, dass die Münzen besser betrachtet werden können. Sie lassen sich aber nicht so gut beschriften wie die aus Papier. Die Beschriftung kann bei Transparenttüten auf Aufklebern erfolgen oder auf Münzkärtchen, die in die Tüte zur Münze gelegt werden. Münzen in Plastiktüten sind öfter auf Veränderungen zu kontrollieren als solche in Papier- oder Zellophantüten.

Die Aufzählung aller Systeme kann eher verwirrend als beratend wirken. Hier wurden die wichtigsten Vor- und Nachteile verschiedener Aufbewahrungsarten aufgezählt, um dem Interessenten Vorabinformationen zu geben und ihm aufzuzeigen, was für ihn nicht in Betracht kommt. Das Für und Wider der verbleibenden Systeme lässt sich zusammen mit Münzfreunden oder beim Fachhändler abwägen. Abschließend sei noch bemerkt, dass viele erfahrene Sammler mehrere Aufbewahrungsarten nebeneinander verwenden, z. B. repräsentative Münzkästen für eine Talersammlung, Patentkassetten für Goldmünzen, Alben für Dubletten usw.

Mauerschränke, Wand- und Möbeltresore

Mauerschränke sind billige Einbaumetallschränke, die Wertsachen vor unbefugtem Zugriff sichern, aber keinen Schutz vor Feuer bieten.

Wandtresore schützen eine Sammlung gegen Diebstahl und Feuer, da sie mit bohrsicherer Schlosspanzerplatte, unabhörbaren und unabtastbaren Sicherheitsschlössern sowie Asbest-Feuerschutzeinlagen an allen Seiten sicher ausgestattet sind. Diese Tresore sind in vielen Abmessungen erhältlich; Zwischenmaße werden zum Preis des nächstgrößeren Serienmodells berechnet. Auch Sonderausstattungen mit Zahlenkombinationsschloss (mit 1 Million Verstellmöglichkeiten!) oder Kontrollverschlüsse mit zusätzlichem Schloss sind gegen Aufpreis erhältlich. Größere Modelle sind mit zusätzlichem Innentresor lieferbar.

Für Mieter, die bei Umzug ihren Tresor mitnehmen möchten oder vom Hausbesitzer keine Einbaugenehmigung für einen Wandtresor bekommen, bieten sich Möbeleinsatztresore an. Sie können in jedes vorhandene Möbelstück (Schränke, Schreibtische usw.) maßgenau eingesetzt und verschraubt werden. Sonderwünsche werden hier ebenso berücksichtigt wie bei den Wandtresoren. Es gibt auch Beistellschränke in verschiedenen Holzarten mit schweren Heimsafes (allseitig mit Spezial-Hartbeton gepanzert).

Möbelwertfächer sind billige verschließbare Stahlblechkästen, die mit den Möbeln verschraubt werden, aber – ähnlich wie Mauerschränke – nur vor unbefugtem Zugriff sichern und keinerlei Feuerisolierungen besitzen.

Banksafe

Die Aufbewahrung von Münzen im Banksafe ist besonders während des Urlaubs oder sonstiger längerer Abwesenheit von der Wohnung empfehlenswert.

In manchen Fällen ist auch die ständige Unterbringung der Münzen im Banksafe sinnvoll. So sind bei einigen Hausratversicherungen nur Münzen im Einzelwert bis DM 350,– versichert. Hier ist zu prüfen, ob die Unterbringung von Münzen mit hohen Einzelwerten im Banksafe teurer ist als die besonders zu vereinbarende Versicherungsprämie. Auch die Bankdeponierung von schwer beschaffbaren Münzen bewahrt vor unersetzlichen Verlusten durch Einbruch, Raub oder Diebstahl, da auch der beste Heimsafe keinen absoluten Schutz vor den Schweißbrennern routinierter Gangster bietet. Es ist nicht jedermanns Sache, Münzen dauernd im Banksafe unterzubringen, da sie bei besonderen Gelegenheiten (Besuch von Sammlerfreunden oder anderer Interessenten) nicht zugänglich sind. Der Sinn des Sammelns besteht nicht zuletzt darin, sich gelegentlich an den Münzen durch Betrachten erfreuen zu können.

Versicherung einer Münzsammlung

Münzensammlungen werden im Allgemeinen innerhalb einer Hausratsversicherung gegen Feuer-, Einbruchdiebstahl-, Beraubungs- und Leitungswasserschäden versichert.

Da die Entschädigungsgrenzen für Münzen und Münzsammlungen in den letzten 30 Jahren mehrmals geändert wurden, ist zu prüfen, nach welchen Allgemeinen Bedingungen für Hausratsversicherungen der Vertrag besteht. Von 1966 bis 1974 wurden die Verträge nach den VHB 66 abgeschlossen, von 1974 bis 1984 nach den VHB 74, seit 1984 nach den VHB 84, seit 1992 nach den VHB 92 und seit 1996 nach den VHB 96.

So waren nach den VHB 74 Münzsammlungen bei Möbelverschluss ohne Zusatzvereinbarung bis DM 20 000,– versichert (zusammen mit Briefmarkensammlungen und begrenzt auf DM 350,– je Einzelstück).

Nach den VHB 84 sind Münzsammlungen bei Möbelverschluss ohne Zusatzvereinbarung bis DM 40 000,– versichert (bzw. bis 20 % der Versicherungssumme und zusammen mit Schmuck, Perlen, Gold und Briefmarken).

Nicht nur zur Wahrung des Versicherungsschutzes ist es für den Sammler wichtig, über seine Schätze »Buch zu führen«, sondern auch für den schlimmsten Fall, den Todesfall. Die Inventarverzeichnisse mit Einzelwerten für alle Münzen verhindern eine Übervorteilung der Angehörigen oder sonstigen Erben bei Verkauf der Sammlung.

Die Aufbewahrung der Bestandsliste muss gesondert von der Sammlung erfolgen. Die Verwahrung einer Durchschrift oder Kopie außerhalb der Wohnung (ideal wäre ein Banksafe) gewährleistet auch bei totalem Abbrennen der Wohnung einen Nachweis. Das Aufheben von Kaufbelegen kann einen Bestandsnachweis wertvoll untermauern, ist aber keine Versicherungsbedingung.

Im Falle eines Schadens muss der Versicherungsnehmer sowohl die Polizei als auch die Versicherung unverzüglich benachrichtigen. Schäden durch Erdbeben, Kriegseinwirkung, Unruhen usw. sind vom Versicherungsschutz ausgeschlossen.

Die VHB 92 und VHB 96 sind gegenüber der VHB 84 nur leicht verändert worden.

Jeder Münzsammler sollte also überprüfen, ob seine Hausratsversicherung

a) nach VHB 66, VHB 74, VHB 84, VHB 92 oder VHB 96 abgeschlossen ist,

Münzwerkstätte Hall in Tirol. Holzschnitt aus dem »Weiß Kunig« um 1505.
Reproduktion nach dem Original aus dem Besitz der Albertina, Wien.

b) Bestandsverzeichnisse fordert (mit Fortschreibung der Wieder-
beschaffungswerte sowie der Zu- und Abgänge)
Nach VHB 74 wird ein Bestandsverzeichnis schon ab DM 5000,–
Gesamtwert (inkl. Wertpapiere) vorgeschrieben, auch bei Einzelwerten von über DM 50,–,

c) die Aufbewahrung der Münzen in mehrwandigen Stahlschrän-
ken (Mindestgewicht von 200 kg) oder in eingemauerten Stahl-
wandschränken mit mehrwandiger Tür verlangt.

Nach VHB 74 wird dies schon bei Goldmünzen im Gesamtwert ab DM 1000,– erforderlich!

d) die Münzensammlung nur bis 20 % der Hausratsversicherungssumme versichert bzw. ob bei höherem Anteil eine zusätzliche Versicherung vereinbart ist,

e) in der Gesamtsumme auch Briefmarkensammlungen, Wertpapiere, Goldmedaillen, Barrengold u. a. einbezogen hat,

f) einzelne Münzen nur bis zu DM 350,– versichert sind (nach VHB 74)

Sowohl bei alten wie bei neuen Hausratsversicherungen ist darauf zu achten, dass keine Unterversicherung entsteht. Da Münzsammlungen Bestandteil der Hausratsversicherungen sind, wirkt sich eine eventuelle Unterversicherung der Münzsammlung auch auf einen Totalschaden des Hausrates negativ aus!

Wie reinigen und erhalten?

Vor jeder chemischen oder mechanischen Behandlung einer Münze muss zwischen Verschmutzung und einer die Metalloberfläche verändernden Oxydschicht unterschieden werden. Eine in Jahrhunderten oder sogar in Jahrtausenden gewachsene Patina einer antiken Münze wird von allen Sammlern sehr geschätzt und darf niemals entfernt oder verfälscht werden. Diese Münzen und auch solche des Mittelalters oder der Neuzeit sollten erst nach langjähriger Reinigungserfahrung behandelt werden, falls es überhaupt nötig ist.

Dagegen ist die Schmutzentfernung von Münzen fast problemlos. Sie erfolgt am besten in einem warmen Kernseifenbad mit einem Schuss Salmiakgeist ($1/2$–1 Esslöffel je Liter Wasser). Die Münzen sollten im Wasser (wie auch bei jeder chemischen Behandlung) nicht aufeinander-, sondern nebeneinander liegen. Auch dürfen verschiedene Metalle niemals zusammen gereinigt werden. Nach ein bis zwei Stunden holt man die Münzen aus dem Seifenbad und bürstet sie mit einer weichen Zahnbürste sauber. Nun werden die gereinigten Stücke unter fließendem Wasser abgespült und mit Fließpapier oder einem weichen Fensterleder trocken getupft. Eine Reinigung darüber hinaus kann die Münze sehr schnell im Werte mindern oder wertlos machen.

So glauben manche beginnenden Sammler, wenn sie eine dunkle Silbermünze mit Silbertauchbad oder gar einem Metallputzmittel auf Hochglanz bringen, dann sei aus »sehr schön« der Erhaltungsgrad »vorzüglich« geworden. Das ist natürlich ein Trugschluss! Solche Münzen mit Putzglanz werden im Handel als »scharf gereinigt« bezeichnet und mit starken Wertabschlägen gehandelt – wenn überhaupt noch. Der Erhaltungsgrad einer Münze lässt sich also durch eine Reinigung nicht verbessern, sondern eher verschlechtern. Schließlich lassen sich keine Abnützungsspuren, die den Erhaltungsgrad bestimmen, durch chemische oder mechanische Behandlung beseitigen oder mindern. Die Aufzählung von speziellen Behandlungsmethoden für die verschiedenen Metalle wird hier bewusst weggelassen, da ausführliche Beschreibungen der Fachliteratur vorbehalten bleiben sollten. Auch um nicht wieder gutzumachende Fehler zu vermeiden, ist das Studium eines Fachbuches über Münzenreinigung unbedingt ratsam.

Hier wird das Buch von Horst Winskowsky »Münzen pflegen« (Battenberg, Augsburg 1993) besonders empfohlen. Dieses Buch ist unter Vermeidung von »Chemiker-Chinesisch« leicht zu lesen und enthält viele selbst erprobte und wertvolle Reinigungstipps. Wer nach diesen Anleitungen Münzen reinigt, wird kaum noch Misserfolge haben, besonders dann nicht, wenn geringwertige Münzen des gleichen Metalls (evtl. auch gültige Umlaufmünzen) als Testmaterial verwendet werden. Außerdem soll auf eine Neuerscheinung zu diesem Thema hingewiesen werden. 2001 erschien von Wolfgang S. Mehlhausen das »Handbuch zur Münzpflege«.

Gereinigte Münzen, besonders solche aus Eisen, Zink und Aluminium, sollten gegen Einflüsse der Luft und der Feuchtigkeit mit Zaponlack überzogen werden. Dieses »Zaponieren« ist keine Garantie vor jeglichen Oxydationsschäden, sondern ein Schutz vor den meisten Umwelteinflüssen. Die einzelnen Zaponlackarten und Zaponiermethoden werden ebenfalls ausführlich im Buch von H. Winskowsky beschrieben.

Abschließend noch fünf Adressen von Lieferfirmen für Münzreinigungsartikel (mit genauen Anleitungen):

Friedle, Helmut, Bottwarbahnstr. 61, 74081 Heilbronn
Michaelis, G., Postfach 13 42, 27393 Zeven
Schneider, Marita, Postfach 12 47, 97755 Hammelburg
Schoenawa, Hartmut, Ostlandstr. 12, 38315 Werlaburgdorf
Stapelfeldt, Rüdiger, Moorhof 14, 22399 Hamburg

Wie informieren?

Ein Sammler ohne Kontakte zu anderen Sammlern verliert oft schon nach wenigen Jahren die Freude an seinem Hobby. Als Einzelgänger können ihm wichtige Informationen und Eindrücke entgehen.

Sowohl der Bezug von Fachzeitschriften wie auch der Beitritt zu einem Sammelclub gehören zu den wichtigen regelmäßigen Informationsmöglichkeiten. Gelegentlichen Erfahrungs- und Gedankenaustausch kann man bei Besuch von Sammlerbörsen, Auktionen und Münzhändlern pflegen.

Fachzeitschriften

Jeder Münzensammler sollte wenigstens eine Fachzeitschrift im Abonnement beziehen. Besonders der Anfänger findet in ihnen viele Informationen wie interessante Aufsätze aus allen Gebieten der Numismatik, aktuelle Nachrichten, preiswerte Angebote auch von Sammlern, Händleradressen, Neuausgaben von Münzen (mit Abbildungen), Preistabellen mit neuesten Bewertungen, Buchbesprechungen, Hinweise auf Fälschungen, Auktionstermine und -berichte, Veranstaltungskalender, Tipps, Ratschläge usw.

Nachfolgend eine Liste der deutschsprachigen Münzzeitschriften:

Deutsches Münzen-Magazin, EMS-Verlag GmbH, Bientzlestr. 3,
  70599 Stuttgart
Die Münze, Münze Österreich, Am Heumarkt 1, A-1030 Wien
Geldgeschichtliche Nachrichten, Postfach 22 25, 65771 Kelkheim
Haller Münzblätter, Burg Hasegg, A-6060 Hall/Tirol
Helvetische Münzenzeitung, Mainaustr. 8, CH-8034 Zürich
money trend, Kutschkergasse 42, A-1180 Wien
Münzen-Revue, Gietl Verlag, Postfach 1 66, 93122 Regenstauf
Münzen & Papiergeld, Gietl Verlag, Postfach 166, 93122 Regenstauf
Numismatisches Nachrichtenblatt, Gietl Verlag, Postfach 166,
  93122 Regenstauf
Numismatische Zeitschrift, Burgring 5, A-1010 Wien

Schweinfurter Münzbelustigungen, R. Jordan, Freitagstr. 32,
97422 Schweinfurt
Schweizerische Numismatische Rundschau, Landesmuseum,
Postfach, CH-8023 Zürich

Um die Zeitschriften besser vergleichen zu können wird die An-
forderung von Probeheften mit Angabe des Abonnementpreises
empfohlen.

Einige Briefmarken-Zeitschriften sind mit einem Münzteil von
1 bis 8 Seiten ausgestattet.

Kataloge und Literatur

Viele numismatische Fachbücher sind nur noch antiquarisch zu
erhalten. Jedoch werden Standardwerke der neueren deutschen
Numismatik stets aktuell angeboten.

Die einzelnen Gebiete teilen sich in vormünzliche, antike, deutsche, europäische und außereuropäische Numismatik, Medaillen,
Marken, Papiergeld und allgemeine Numismatik.

Zur allgemeinen Numismatik gehören die Geschichte des Geldes, Münzlexika, Werke zur Münzgesetzgebung, Münzreinigung,
Münzfälschung, Münzdeutung, Münzfunde, Einführungen in die
Münzkunde, Motiv- und Spezialkataloge, Festschriften und Peri-
odika.

Neben dem Erwerb numismatischer Literatur oder Kataloge ist
das Ausleihen über jede größere Bibliothek möglich. Mitglieder der
GIG (Gesellschaft für Internationale Geldgeschichte, Frankfurt/M.)
können auf dem Versandweg Fachbücher gegen Übernahme der
Porto- und Verpackungskosten ausleihen. Kontaktadresse: *Fried-
helm Litzenberger, Dammstr. 47, 55459 Grolsheim.*

Es folgen einige Adressen von Fachbuchhandlungen und Münzhändlern, die ein besonders großes Angebot in numismatischer
Literatur führen:

H. Gietl Verlag, Postfach 166, 93122 Regenstauf
F. R. Künker, Gutenbergstr. 23, 49076 Osnabrück

Münzgalerie München Handels-GmbH & Co, Joker KG,
  Stiglmaierplatz 2, 80333 München
Münzzentrum, H. W. Müller, Kelderstr. 6, 42697 Solingen-Ohligs
Philatek-Literatur, Mozartstr. 67, 89548 Königsbronn
Schön – Buchversand, Postfach 71 09 08, 81459 München
B. Strothotte, Postfach 42 36, 33276 Gütersloh
Tietjen & Co., Spitalerstr. 30, 20095 Hamburg
VNP AG, Niederdorfstr. 43, CH-8001 Zürich

Sammlervereine

In jeder größeren Stadt treffen sich einmal im Monat Münzsammler im Verein. Hier werden Münzen angeboten, gesucht und gelegentlich getauscht. Auch Münzhändler bieten oft ihre Ware bei solchen Treffen an (vgl. die Abschnitte »Ladengeschäfte und Versandhandel« S. 85 ff. sowie »Kauf und Tausch im Verein« S. 92). Neben dem Handel ist der Erfahrungsaustausch ein wesentlicher Bestandteil der Sammlertreffen. In vielen Vereinen werden regelmäßig Diavorträge gehalten um numismatisches Wissen zu erweitern und zu festigen. Münzenbestimmung, Ausleihen von Fachbüchern aus der Vereinsbibliothek sowie verbilligter Bezug von Münzneuausgaben, Katalogen und Fachliteratur gehören ebenfalls zur Angebotspalette der meisten Clubs.

Der kostenlose Bezug der monatlich erscheinenden Sammlerzeitschrift »Numismatisches Nachrichtenblatt« ist last not least ein weiterer Vorteil, der zum Eintritt in eine Sammlervereinigung bewegen sollte. Diese Zeitschrift wird aber nur über solche Sammlerclubs verteilt, die im Verband der Deutschen Münzvereine sind. Die in der folgenden Liste angeführten Orte haben einen Sammlerclub, in den angekreuzten Orten befinden sich Clubs, die dem Verband der Deutschen Münzvereine angehören:

× Aachen	Backnang	Bad Homburg
Alsdorf-Mariadorf	× Baden-Baden	× Bad Laasphe
Altenburg	× Bad Berleburg	Bad Mergentheim
× Arnsberg	Bad Gandersheim	Bad Oldesloe
× Augsburg	× Bad Hersfeld	Balve

Bayreuth
× Berlin
× Biberach/Riß
× Bielefeld
Bietigheim-Biss.
Bigge-Olsberg
Birkenfeld/Nahe
Bischofswerda
× Bitterfeld
× Bonn
Bous/Saar
× Braunschweig
× Bremen
× Bremerhaven
× Burg a. d. Wupper
Camberg/Ts.
Celle
Cottbus
Cuxhaven
× Darmstadt
× Dinkelsbühl
Donaueschingen
× Dortmund
× Dresden
× Düren
× Düsseldorf
× Duisburg
Ebersbach
Eckersdorf
Edertal-Aff.
Ellenberg
× Emden
Emmerich
× Erfurt
Erlangen
× Essen
Flensburg
× Frankfurt/Main
× Freiburg
Freising
Friedrichshafen
× Fulda
Fürth
Geislingen

Gerolstein
× Gießen
× Glauchau
× Goch
Göppingen
Goslar
Großenhain
Gründau/Rotenb.
× Grünstadt
× Hagen
Halle
× Hamburg
Hanau
× Hannover
Harsefeld
× Heidelberg
Helmbrechts
× Herford
Hersfeld
Herzberg
Hilbringen
× Hilden
Hildesheim
Hof
Ingelheim
Jever
Jügesheim
Jülich
Kaiserslautern
× Kamenz
× Kamp-Lintfort
× Karlsruhe
× Kassel
Kerpen-Horrem
× Kiel
Kirchheim
Klein-Bokern
Kleve
Koblenz
× Köln
Konstanz
× Krefeld
Kufstein
Kulmbach

Lahr/Baden
Landshut
Langen/Hessen
Lauf/Pegnitz
Leer
Leipzig
× Lemgo
Leonberg
Leutkirch
× Leverkusen
Lingen
Lohhof/Bayern
Ludwigsburg
× Ludwigshafen
Magdeburg
× Mainz
× Mannheim
Markgröningen
Memmingen
× Meppen
Meschede
Miltenberg
× Minden
Möglingen
Moers
× Mönchengladbach
Moosburg
Mühlacker
× Mülheim/Ruhr
× München
× Münster
Murnau
Nagold
Neubeckum
Neubrandenburg
× Neumarkt
× Neuß
Neustadt/Weinstr.
Neu-Ulm
Neviges
Norden
× Nordhausen
Nordhorn
× Nürnberg

109

Oberbrechen/Ts.
× Oberhausen/Rhld.
Oelde
Offenburg
Offenhausen
× Oldenburg
Olpe/Biggesee
× Olsberg
× Osnabrück
× Paderborn
Papenburg
Pforzheim
× Pirmasens
× Potsdam
Prien
Ravensburg
Regensburg
× Reichenbach/Vogtl.
× Reutlingen
Rheine/Westf.
Rommelshausen
Rostock
× Saarbrücken
× Saarlouis
Salzgitter-Leb.

× St. Ingbert
Scheeßel
× Schleiden/Eifel
Schloß Neuhaus
× Schönau a. d. E.
Schongau
Schwabach
Schwäb.-Gmünd
Schwedt/Oder
× Schweinfurt
Schwenningen
Schwetzingen
Schwieberdingen
Seeheim
Seesen
Selb
× Sigmaringen
× Soest
× Solingen
Spaichingen
× Speyer
Stralsund
× Stuttgart
× Suhl
× Sulzbach-Rosenbg.

× Sulzbach/Saar
× Trier
Trossingen
Tuttlingen
Uelzen
× Ulm
Verden
Vreden/Westf.
× Waldeck
Wernau/Württ.
Wernigerode
Wertheim
× Wesel
Wesseling
Wetzlar
Wiesbaden-
Biebrich
× Willich
× Witten
Würzburg-
Sieboldsh.
× Wuppertal
Zehdenick
Zschopau
× Zweibrücken

Münzhändler

Kauf und Verkauf sind nicht die einzigen Aufgaben eines Händlers; Beratung und Information sind wichtige Bestandteile des Handels. Wenn dies nicht so wäre, könnte man ebenso gut Münzen vom Großversandhaus oder im Warenhaus erwerben.

Wie wichtig eine gute Kundenberatung ist, lässt sich dem Abschnitt »Wie aufbewahren und sichern?« S. 96 ff. entnehmen. Was hier über die Beratung zum Kauf von Münzzubehör zu lesen ist, gilt erst recht für die Beratung vor dem Erwerb von Münzen. Im Folgenden sind die Adressen von Münzhändlern genannt, die den beiden deutschen Münzhändlerverbänden angehören:

Verband der Deutschen Münzenhändler e. V., Postfach 3 37, 10247 Berlin

Mitgliederverzeichnis *(nach Postleitzahlen)*

04109 Leipzig, H. Höhn, Brühl 52
10115 Berlin-Mitte, K. Priese, Chausseestr. 16
12107 Berlin-Mariendorf, N. Menzel, Dachsteinweg 12
* 20095 Hamburg, D. Tietjen, Spitalerstr. 30
20249 Hamburg, P. Siemer, Postfach 20 21 17
22085 Hamburg, D. Macco, Hofweg 12
28209 Bremen, Dr. Chr. Stadler, Parkallee 8
28211 Bremen, H. Bendig, Elsasser Str. 13
* 30161 Hannover, F. Katsouros, Greiser GmbH, Bödekerstr. 30
30169 Hannover, G. Blançon, Goetheplatz 11
40210 Düsseldorf, H.J. Ritter, Immermannstr. 19
* 40237 Düsseldorf, H. Winter, Grafenberger Allee 61
* 49076 Osnabrück, F. R. Künker, Gutenbergstr. 23
49078 Osnabrück, M. Olding, Goldbreede 14
* 50667 Köln, T. Kroha, Kölner Münzkabinett, Neven-Dumont-Str. 15
50667 Köln, H. Linnartz, Alter Markt 36–42
50667 Köln, H. U. Seifert, Unter Taschenmacher 10
50676 Köln, P.N. Schulten, Sternengassee 3
56068 Koblenz, G. M. Forneck, Hohenzollernstr. 149
59494 Soest, H. Hild, Niederbergheimer Str. 11a
59821 Arnsberg, U. Gans, Nordring 22
60301 Frankfurt/M., Dr. P. Jurecko, Jürgen-Ponto-Platz 2
60311 Frankfurt/M., H. Stapf, Friedensstr. 6–10
60318 Frankfurt, R. Kaiser, Mittelweg 54
* 60322 Frankfurt, D. Raab, Dr. Busso Peus Nachf., Bornwiesenweg 34
61476 Kronberg-Oberhöchstadt, Dr. A. Winzer, Tannenweg 18
63303 Dreieich-Götzenhain, K. Garlich,
       Albert-Schweitzer-Str. 24a
66280 Sulzbach, H.H. Mertes, Goldene Au-Str. 25
* 68165 Mannheim, H. Gehrig, Kurpfälz. Münzhandlg.,
       Augusta-Anlage 52
* 69115 Heidelberg, H. Grün, Blumenstr. 13
70173 Stuttgart, Dr. M. Brandt, Marktplatz 14
* 70182 Stuttgart, St. Sonntag, Charlottenstr. 4
71634 Ludwigsburg, M. Meister, Moltkestr. 6
77694 Kehl, P. F. Jacquier, Honsellstr. 8
* 79100 Freiburg, V. Kricheldorf, Günterstalstr. 16
* 80333 München, Dr. F. Bernheimer, G. Hirsch Nachf.,
       Promenadeplatz
80333 München, H. Dombrowski, Münzgalerie, Stiglmaierplatz 2
* 80333 München, A. Wenninger, c/o Hauck & Aufhäuser,
       Löwengrube 12

* 80333 München, Dr. H. Lanz, Maximiliansplatz 10
  80333 München, M. Schulze, Glückstr. 2
  81373 München, J. Diller, Ohlstadterstr. 21
* 82199 Gilching, Dr. E. M. Pegan, Postfach 14 08
  83700 Rottach-Egern, O. Mages, Karl-Theodor-Str. 36c
  85630 Neukeferloh, W. Funk, Beethovenring 7
  89312 Günzburg, E. Neumann, Wätteplatz 6
* 90402 Nürnberg, H. Hinterland, Königstr. 33 – 47
  96450 Coburg, K. Wagner, Herrngasse 15

* Die mit einem Stern gekennzeichneten Verbandsmitglieder führen
  Münzauktionen durch

Mitglieder des Berufsverbandes
des Deutschen Münzenfachhandels e. V.
Ostlandstr. 12, 38315 Werlaburgdorf
(nach Postleitzahlen)

04420 Großlehna, Schaubek-Verlag, Am Gässchen 23
06844 Dessau, K. Gräfe, Muldstr. 88
10589 Berlin, H. Czymoch, Kaiserin-Augusta-Allee 89
10623 Berlin, G. Grunow, Uhlandstr. 195 VI
10623 Berlin, S. Farahbakhsh, Kantstr. 154
10629 Berlin, P. Seemann, Leibnizstr. 47
10789 Berlin, Th. Pollandt, Im Europa-Center 30
10823 Berlin, R. Niermeier, Belziger Str. 28
10827 Berlin, H. Worbes, Kärntner Str. 29
* 12099 Berlin, H. Senger, Bacharacher Str. 39
12159 Berlin, K. D. Matte, Hauptstr. 89
13187 Berlin, M. Otto, Wollankstr. 117
13351 Berlin, H. Schulz, Kameruner Str. 10
13505 Berlin, A. Rippel, Falkenplatz 7
18273 Güstrow, H.-P. Flemming & Sohn, Gleviner Str. 31
20095 Hamburg, P. Giese, Hermannstr. 15
20099 Hamburg, H. Busse, Lange Reihe 71
20503 Hamburg, Emporium, Postfach 26 13 28
21502 Geesthacht, Leuchtturm Verlag, Am Spakenberg 45
21651 Stade, J. Burfeindt, Postfach 11 27
22083 Hamburg, C. Buhr, EKZ Hamburger Str. 23
23552 Lübeck, P. Mellendorf, Hüxstr. 90
24105 Kiel, A. Pacht, Beseler Allee 70
27305 Süstedt, R. Thöle, Bunte Brücke 2
30609 Hannover, A. Schilke, Postfach 68 03 01

30916 Isernhagen, S. Honscha, Isernhagener Str. 49
32052 Herford, G. Haberbauer, Lübbertorwall 2
32278 Kirchlengern, R.+P. Guszahn, Weststr. 74
33276 Gütersloh, B. Strothotte, Postfach 42 36
33829 Borgholzhausen, V. Wolframm, Kleekamp 54
34117 Kassel, M. Bornmann, Untere Königsstr. 50
34125 Kassel, J. Simon, Weserstr. 42
34270 Schauenburg, W. Kobylka, Langenbergstr. 18
35274 Kirchhain, K. Fischer, Hofackerstr. 13
37075 Göttingen, A. Fenzl, von-Baer-Str. 16
38090 Braunschweig, MDM Münzhandelsges. mbH,
       Theodor-Heuss-Str. 7
38100 Braunschweig, M. Heinrich, Grödelinger Str.
38124 Braunschweig, H. H. Dieter, Glogaustr. 24
38213 Salzgitter, Mietens & Partner, Postfach 21 12 16
* 38315 Werlaburgdorf, H. Schoenawa, Ostlandstr. 12
39104 Magdeburg, G. Mialkas, Otto-von-Guericke-Str. 63
40213 Düsseldorf, H. Stuckert, Akademiestr. 5
42369 Wuppertal, F. J. Zylka, Erbschlöer Str. 22
* 42697 Solingen, H. W. Müller, Kelderstr. 6
42783 Leichlingen, A. Hölzer GmbH, Kirchstr. 15
44793 Bochum, G. Dylla, Hombecker Weg 8
44795 Bochum, H. Siewert, Kemnader Str. 40 A
45138 Essen, M. Tognino, Dammanstr. 59
45359 Essen, D. Halfmann, Herbrüggenstr. 212
45468 Mülheim, H. Rudolph, Friedrichstr. 60
46049 Oberhausen, H. El-Attar, EKZ, Concordiastr. 32
46441 Moers, I. Makowski, Homberger Str. 16
47198 Duisburg, D. Brauer, Im Grünen Winkel 67
47665 Sonsbeck, F. Gasthaus, Hochstr. 38
47798 Krefeld, Flores, Hochstr. 26
48143 Münster, R. Koch, Bahnhofstr. 12
48249 Dülmen, W. Prause, Coesfelder Str. 246
48268 Greven/Westf., B. M. Mader, Martinistr. 49
48429 Rheine, R. Löchte, Osnabrücker Str. 49
49086 Osnabrück, A. Bartel, Bremer Str. 99
49197 Dissen, U. Helmig, Postfach 11 64
49530 Lienen, A. Hoffmann, Postfach 12 58
50667 Köln, H. Kind, Breite Str. 101
50667 Köln, H.J. Knopek, Alter Markt 55
51509 Kürten, K. H. Utsch, Postfach 12 60
51645 Gummersbach, E. Stolz, Hagener Str. 116
53071 Bonn, E. Cohnen, Postfach 71 67
53350 Rheinbach, R. Haimann, Postfach 13 46

56112 Lahnstein, A. J. Fruhling, Hohenrhein 85
57127 Kreuztal, R. Pötz, Postfach 8 48
58095 Hagen, K. Striewski, Frankfurter Str. 67
58293 Wetter, R.N. Kurzbach, Postfach 40 24
58319 Schwelm, W. Rittig, Postfach 6 45
58422 Witten, F. Helm, Postfach 31 03
58708 Menden, Dr. K. Neugebauer, Unnaer Landstr. 71a
58730 Fröndenberg, M. Becker, Böckelmannweg 5
59065 Hamm, A. Bögge, Martin-Luther-Str. 13
60350 Frankfurt/M., Z. Pop, Postfach 62 01 29
61348 Bad Homburg v.d.H., J. Mikeska, Haingasse 16
63088 Rodgau, Gun Schaub, Postfach 30 01 46
63110 Rodgau, Hamilton-Bowen, Eisenbahnstr. 8
64372 Ober-Ramstadt, A. Suppes, Brückengasse 9 –11
65929 Frankfurt-Hoechst, K. Schaper, Bolongarostr. 145
66111 Saarbrücken, G. Hoffmann, Sulzbachstr. 3
67549 Worms, D. Gretler, Donnersbergstr. 83
67659 Kaiserslautern, Th. Göbel, Gustav-Nachtigal-Str. 4 A
68161 Mannheim, Kroker & Walsch, Quadrat Qu 3, 10
69169 Leimen, G. Freund, Postfach 11 07
70173 Stuttgart, H. Schulz, Marktplatz 14
70182 Stuttgart, Kroker & Walsch, Charlottenstr. 42
70599 Stuttgart, EMS-Verlag, W. Erzinger, Bietzlestr. 3
71296 Heimsheim, H. Kleiner, Birkenstr. 44
72202 Nagold, W. Gerster, Steinbergstr. 2
72335 Schömberg, Lindner Falzlos GmbH, Rottweilerstr. 38
73033 Göppingen, K. Reik, Schillerstr. 77
73545 Lorch, H.E. Sieger, Venusberg 32 – 34
74553 Crailsheim, G. Franquinet, Postfach 13 19
75239 Eisingen, G. Haller, Hirtenstr. 12
75365 Calw-Holzbronn, G. Beutler, Stiegelwiesenweg 8
76133 Karlsruhe, Kroker & Walsch, Amalienstr. 89
76137 Karlsruhe, R. Mandusic, Werderplatz 35
79110 Freiburg, R. Ruf, In den Kirchenmatten 26
79221 Umkirch, H. W. Hercher, Postfach 12 32
79379 Müllheim, H.A. Sander, Hebelstr. 2
80331 München, Dr. N. Greth, Rindermarkt 7
80469 München, E. Modes, Reichenbachstr. 17
80939 München, Schwaneberger Verlag, Muthmannstr. 4
81549 München, H. Edenhofer, Balanstr. 339
84028 Landshut, J. Niermeier, Ländgasse 111
87497 Wertach, H. Kuntner, Panoramaweg 14
88084 Friedrichshafen, A. Paslack, Reutenen Weg 22
88097 Eriskirch, M. Gross, Irisstr. 17

88227 Wangen, R. Birk, Postfach 11 33
88250 Weingarten, E. Eggler, Hölderlinstr. 18
88287 Grünkraut, M. Hopf, Dahlienweg 5
88441 Mittelbiberach, P. Moser, Waldhoferstr. 17
90402 Nürnberg, U. Gebert, Breite Gasse 13−15
92203 Amberg, W. Eibl, Postfach 13 33
93047 Regensburg, G. Voxbrunner, Residenzstr. Am Dom
94315 Straubing, E. Kronwitter, Bahnhofstr. 13
96052 Bamberg, N. Görtler, Siechenstr. 14
97450 Arnstein, H. Wolfraum, Am Weinberg 34

* Die mit einem Stern gekennzeichneten Verbandsmitglieder führen
  Münzauktionen durch

Sammlerbörsen

In fast jeder größeren Stadt wird jährlich eine Münzenbörse veran-
staltet. Aber auch kleinere Städte und Gemeinden, in denen ein
Münzsammlerclub existiert, bieten in größeren Abständen »Groß-
tauschtage«. Getauscht wird dabei wohl nicht viel, darum müsste
es eher »Großverkaufstage« heißen. Die größte Münzenbörse Europas, die NUMISMATA, findet jährlich zu Beginn des Monats Mai
in München statt. Weitere bedeutende Münzsammlerbörsen sind
die in Berlin, Frankfurt, Hannover und Stuttgart. Auf diesen Mün-
zenmärkten lernt man schnell die häufigst angebotenen Münzen
kennen. Im Vergleich kann auch der beginnende Sammler viele
Qualitäts- und Preisunterschiede entdecken. Von der Billigware aus
der Krabbelkiste bis zum Kabinettsstück werden hier Münzen für
fast jedes Sammlerherz präsentiert.

Der Besuch einer Münzenbörse vermittelt viele Informationen,
sowohl durch Gespräche mit Händlern und Sammlern wie durch
Betrachten des riesigen Angebots.

Museen mit Münzkabinett

In fast jedem Museum werden auch Münzen ausgestellt. Heimat-
museen zeigen in ihren Vitrinen historische lokale Ausgaben, grö-

ßere Münzkabinette präsentieren umfangreiche Sammlungen von der Antike bis zur Gegenwart meistens in besten Erhaltungen.

Die größten öffentlichen Münzsammlungen der Welt sind in London (Britisches Museum), in Paris (Bibliothéque Nationale) und in St. Petersburg (Eremitage) zu finden. Bedeutende Münzsammlungen werden in den Museen auf den folgenden zwei Seiten ausgestellt.

DEUTSCHLAND

01067 Dresden, Münzkabinett im Albertinum, Georg-Treu-Platz
04109 Leipzig, Stadtgeschichtliches Museum, Markt 1
10178 Berlin, Münzkabinett der Staatl. Museen zu Berlin, Bodestr. 1–3
12681 Berlin, Märkisches Museum
14467 Potsdam, Museum, Breite Str. 8–12
18055 Rostock, Kulturhist. Museum, Kloster zum Hl. Kreuz, Klosterhof
19053 Schwerin, Staatl. Museum, Schloss, Lennéstr. 1
20301 Hamburg, Museum für Hamburgische Geschichte
20355 Hamburg, Hamburger Kunsthalle, Holstenwall 24
28213 Bremen, Focke-Museum, Schwachhauser Heerstr. 240
30159 Hannover, Kestner-Museum, Trammplatz 3
30169 Hannover, Niedersächs. Münzkabinett, Am Maschpark 5
34131 Kassel, Staatliche Kunstsammlung, Schloss Wilhelmshöhe
38100 Braunschweig, Städtisches Museum, Steintorwall 14
48143 Münster, Westfälisches Landesmuseum, Domplatz 10
50667 Köln, Römisch-Germanisches Museum, Roncalliplatz 4
50667 Köln, Stadtmuseum, Zeughausstr. 1
52066 Aachen, Burg Frankenberg, Bismarckstr. 68
53115 Bonn, Rheinisches Landesmuseum, Colmantstr. 14–16
54290 Trier, Rheinisches Landesmuseum, Ostallee 44
55116 Mainz, Römisch-Germanisches Zentralmuseum, Ernst-Ludwig-Platz 2
60431 Frankfurt, Numismatische Sammlung der Deutschen Bundesbank, Wilhelm-Epstein-Str. 14
61352 Bad Homburg v.d.H., Münzkabinett im Gotischen Haus
64283 Darmstadt, Hessisches Landesmuseum, Friedensplatz 1
65185 Wiesbaden, Sammlung nassauischer Altertümer, Friedrich-Ebert-Allee 2
66111 Saarbrücken, Saarlandmuseum, Bismarckstr. 13
69117 Heidelberg, Kurpfälzisches Museum, Hauptstr. 97

70173	Stuttgart, Württembergisches Landesmuseum, Altes Schloss, Schillerplatz 6
76131	Karlsruhe, Badisches Landesmuseum, Schloss
80333	München, Staatliche Münzsammlung, Residenzstr. 1
86150	Augsburg, Städtisches Museum, Fuggerstr. 12
90402	Nürnberg, Germanisches Nationalmuseum, Kartäusergasse 1
93047	Regensburg, Städtisches Museum, Dachauplatz
96450	Coburg, Museum Veste Coburg, Fürstenbau
99423	Weimar, Kunstsammlung zu Weimar, Münzkabinett, Burgplatz 4

ÖSTERREICH

Wien, Kunsthistorisches Museum
Salzburg, Salzburger Landesmuseum
Innsbruck, Tiroler Landesmuseum
Graz, Steierisches Landesmuseum
Klagenfurt, Kärntner Landesmuseum

SCHWEIZ

Basel, Bern, Genf und Lausanne – jeweils Historisches Museum
Chur, Rätisches Museum
Winterthur, Münzkabinett
Zürich, Schweizerisches Landesmuseum

Einigen Münzkabinetten sind umfangreiche numismatische Bibliotheken angeschlossen, so hat z. B. die Staatliche Münzsammlung in der Münchner Residenz 11 000 numismatische Bände in ihren repräsentativen Räumen untergebracht.

Münzsammlung als Kapitalanlage?

Münzen sammeln wird allgemein als eine Freizeitbeschäftigung angesehen, die von der Hetze des Alltags ablenken und die Freude an kleinen Kunstwerken sowie das Interesse an geschichtlichen Hintergründen wecken soll.

Die erheblichen Wertsteigerungen der Nachkriegszeit ließen eine neue Gruppe von Sammlern entstehen: Die Kapitalanleger. Sie tauchten in der ständig anwachsenden Zahl der Münzsammler unter und sind auch heute nur selten als solche erkennbar. Nur die wenigsten geben zu, Münzen spekulativ zu sammeln. Vielleicht kann der eine oder andere das Angenehme mit dem Nützlichen verbinden.

Die bisher ständig teurer werdenden Gedenkmünzen der BRD mobilisierten außerdem ein Heer von »Schubladen-Spekulanten« Münzen zu sammeln.

Preisentwicklung der ersten fünf BRD-Gedenkmünzen
(Verkaufspreise des Handels, die Ankaufspreise liegen bei 80%)
bankfrische Erhaltung – Wert in DM

	1963	1964	1965	1966	1967	1968	1969	1970
German. Museum	20	26	40	50	65	100	240	280
Schiller	18	22	35	45	60	90	225	250
Türkenlouis	18	22	35	45	60	90	225	240
Eichendorff	16	20	28	38	55	85	210	230
Fichte	–	–	7	9	15	28	60	100

	1971	1972	1973	1978	1979	1980	1990	1991	2001
German. Museum	420	500	850	1100	1450	1800	2600	2900	2000
Schiller	400	440	750	950	1150	1350	2100	2100	1000
Türkenlouis	360	400	650	830	1050	1250	1800	1900	1000
Eichendorf	340	380	625	800	1050	1250	1800	1900	900
Fichte	130	170	240	260	380	400	750	800	260

Der Tabelle ist zu entnehmen, dass von 1963 bis 1980 ein ständiger Wertzuwachs festzustellen ist.

In den Jahren 1980 bis 1989 änderten sich die Werte nur wenig. Nach der Wiedervereinigung Deutschlands stiegen die Preise für BRD-Münzen 1990 und 1991 stark an, fielen dann aber seit 1992 auf Werte vor 1975.

Deutsche Gedenkmünzen der Weimarer Republik (1925 bis 1932)
Erhaltung: vorzüglich – Wert in DM

Jaeger Nr.	Motiv	1963	1965	1967	1969	1971	1973	1975	2001
321 A	Rheinlande	9	20	25	40	55	60	85	100
322 A	Rheinlande	25	60	80	90	165	170	190	220
323	Lübeck	18	75	80	150	210	275	350	300
325	Bremerhaven	20	55	70	160	230	275	360	320
326	Bremerhaven	90	150	220	375	525	950	1 100	1 100
327	Nordhausen	22	50	75	160	230	300	360	320
328	Tübingen	40	90	175	285	525	850	1 000	850
329	Tübingen	135	200	220	400	625	950	1 300	960
330	Marburg	16	25	45	150	200	280	340	290
332	Dürer	48	100	150	300	500	750	1 000	850
333	Naumburg	35	50	60	175	240	300	390	330
334	Dinkelsbühl	80	170	200	375	600	1 200	1 450	1 400
335 A	Lessing	9	25	35	50	95	150	150	140
336 A	Lessing	25	65	75	90	175	225	300	280
337	Waldeck	16	40	65	190	220	260	350	320
338	Meißen	18	40	45	100	125	140	160	120
339	Meißen	90	115	150	400	600	900	1 050	950
340 A	Verfassung	8	18	30	35	55	60	90	100
341 A	Verfassung	28	45	65	125	200	225	300	280
342 A	Zeppelin	18	28	40	70	125	135	160	170
343 A	Zeppelin	38	100	140	200	260	300	380	330
344 A	Vogelweide	18	30	35	100	145	155	180	190
345 A	Rheinland-räumung	12	22	30	60	80	85	120	120
346 A	Rheinland-räumung	25	60	100	170	275	350	400	340
347	Magdeburg	22	50	110	160	270	400	500	480
348	Stein	26	65	100	165	220	325	400	350
350 A	Goethe	18	50	70	110	140	175	220	200
351 A	Goethe	375	600	750	1200	1800	2 800	4 400	4 800
		1284	2398	3240	5885	8890	13 045	17 085	16 210

119

Bei den Gedenkmünzen der Weimarer Republik gab es keine großen Wertsprünge. Ihre Preise stiegen bis 1975 konstant, um dann
bis 1994 in den meisten Fällen wieder abzurutschen.

Bei den DDR-Münzen war nach der Wiedervereinigung Deutschlands eine extreme Wertentwicklung sowohl nach oben wie nach
unten festzustellen. Die vier teuersten Exemplare (in stempelfri-
scher Erhaltung) sollen dies stellvertretend für alle DDR-Gedenk-
münzen verdeutlichen (Wert in DM):

10/89		4/90	10/90	10/91	10/92	10/93	10/01
10 Mark							
1966 Schinkel	100,–	1000,–	1500,–	700,–	620,–	480,–	600,–
20 Mark							
1966 Leibniz	95,–	600,–	1000,–	450,–	420,–	300,–	340,–
20 Mark							
1983 Luther	150,–	850,–	2000,–	1050,–	990,–	720,–	1080,–
20 Mark							
1987 Stadtsiegel	75,–	450,–	1500,–	800,–	690,–	540,–	870,–

Der Wert einer Münze wird hauptsächlich durch Erhaltung und
Häufigkeit (Angebot) und durch Beliebtheit des Sammelgebietes
(Nachfrage) bestimmt.

Die Prägezahl allein kann natürlich nicht wertbestimmend sein.
Eine Gedenkmünze der USA mit 0,5 Millionen Auflage ist viel ge-
fragter als die eines arabischen Scheichtums mit gleicher Prägezahl.
Bei nicht mehr kursierenden Münzen (insbesondere älteren) kann
die Prägezahl sogar irreführend sein, da sie nichts darüber aus-
sagt, wie viel Stücke noch existieren bzw. eingezogen wurden (s. a.
Kapitel »Welche Sammelgebiete? Deutschland von 1871 bis
heute«).

Diese kurzen Ausführungen lassen schon erkennen, dass die Spe-
kulationen mit Münzen für einen Laien ein gewagtes Abenteuer
werden können. Eine Kapitalanlage in Münzen erfordert umfangreiche numismatische Kenntnisse und eine gute Marktübersicht.
Gewinne sind dabei nur langfristig (frühestens nach drei bis fünf
Jahren) realisierbar. Wer schnell Geld verdienen will, hat auf diesem Gebiet keine Chance.

Eine Spekulation in Münzen kann auch nur bei fortschreitender Geldentwertung glücken, nicht aber bei einer Verschlechterung der wirtschaftlichen Lage.

Bei deutschen Münzen sind aus fast jedem Teilgebiet beachtliche Wertsteigerungen nachweisbar, besonders bei seltenen Münzen. Folgende Tabelle von württemb. Münzen des 19. Jahrhunderts soll dies verdeutlichen.

Gulden, Taler und Dukaten von Württemberg von 1806 bis 1825
Erhaltung: vorzüglich

Katalog-Nr. Jaegers	AKS*		Wert in DM			
			1970	1978	1993	2001
27	28	Karolin 1810	3 000,–	10 000,–	20 000,–	26 000,–
21	29	Dukat 1806	2 200,–	7 000,–	20 000,–	22 000,–
26	30	Dukat 1813	2 600,–	8 000,–	12 000,–	16 000,–
19	31	Kronentaler 1810 lat.	1 500,–	15 000,–	30 000,–	34 000,–
24	36	Kronentaler 1811	1 000,–	4 500,–	12 000,–	20 000,–
25	37	Kronentaler 1812	500,–	2 800,–	2 800,–	3 400,–
58	58	10 Gulden 1824/25	1 600,–	7 000,–	10 000,–	14 000,–
38	59	Dukat 1818	1 800,–	5 500,–	16 000,–	16 000,–
33	63	Kronentaler 1817	750,–	2 600,–	3 800,–	4 200,–
37	64	Kronentaler 1818	500,–	3 000,–	3 500,–	3 800,–
32	70	Konventionstaler 1817	1 500,–	10 000,–	20 000,–	24 000,–
54	75	Doppelgulden 1825	200,–	1 800,–	5 000,–	6 000,–
53a	80	Gulden 1825	100,–	800,–	2 000,–	6 000,–
			17 250,–	78 000,–	157 100,–	195 400,–

*Großer Deutscher Münzkatalog von Dr. Arnold, Dr. Küthmann u. Dr. Steinhilber
Wertzuwachs in den ersten 8 Jahren 450 %, in 31 Jahren: 1130 %.

Die zunehmende Freizeit in Industrieländern und das Entstehen eines bildungsbürgerlichen Mittelstandes in den Ländern der »Dritten Welt« wird die Sammler und damit die Nachfrage nach Münzen auch weiterhin anwachsen lassen, mit Sicherheit aber langsamer als in den letzten zwei Jahrzehnten. So ist jetzt schon ein erheblicher Wertzuwachs bei weniger vorhandenen Münzen von Japan festzustellen. Bei häufig vorkommenden Münzen wird kaum je ein nennenswerter Anstieg eintreten. Dagegen zeigt sich bei selteneren Münzen – besonders in guter Erhaltung – fast immer ein permanenter Wertzuwachs. Das ist bei allen besseren Münzen der Antike, des Mittelalters und der Neuzeit nachzuweisen.

Aber auch die weniger angebotenen Münzen der letzten 100 Jahre von Italien, Frankreich, Großbritannien, Schweden, der Schweiz und der Niederlande befinden sich seit langem im Aufwärtstrend der Preise. Nicht wenige Münzen des Vatikans – besonders die in Gold – wurden ebenfalls ständig teurer. Von den israelischen Gedenkmünzen erwiesen sich besonders die der 60er-Jahre als gute Anlage.

In manchen Ländern bewegten sich die Preise nach starkem Anstieg bald wieder in normalen Bahnen; so fielen die Werte für Schweizer Münzen nach dem Höhenflug der Jahre 1968 und 1969 im Jahr 1970 wieder erheblich ab.

Auch die österreichischen Gedenkmünzen zeigten bis 1974 einen konstanten Wertanstieg.

Ständige Auflagesteigerungen und Nennwerterhöhungen ließen das Sammlerinteresse mehr und mehr sinken, sodass bis 2001 nur ein Abwärtstrend zu erkennen ist – siehe folgende Tabelle:

Österreichische Gedenkmünzen der Jahre 1955 bis 1973
Erhaltung: vorzüglich [Werte in DM]

		1973	1974	1976	1980	1985	1994	2001
25 Sch. Bundestheater	1955	55,–	100,–	75,–	52,–	35,–	28,–	13,–
25 Sch. Mozart	1956	6,–	9,–	5,–	15,–	11,–	8,–	5,–
25 Sch. Maria Zell	1957	6,–	9,–	5,–	15,–	11,–	8,–	5,–
25 Sch. v. Welsbach	1958	6,–	9,–	5,–	15,–	11,–	8,–	5,–
50 Sch. Andreas Hofers	1959	15,–	28,–	15,–	25,–	18,–	14,–	10,–
25 Sch. Erzherz. Johann	1959	10,–	35,–	15,–	15,–	11,–	8,–	6,–
25 Sch. Kärntner Volk	1960	20,–	50,–	25,–	22,–	14,–	11,–	7,–
25 Sch. Burgenland	1961	25,–	80,–	55,–	25,–	16,–	12,–	8,–
25 Sch. Bruckner	1962	8,–	15,–	7,–	15,–	11,–	8,–	6,–

		1973	1974	1976	1980	1985	1994	2001
25 Sch. Prinz Eugen	1963	9,–	30,–	13,–	15,–	11,–	8,–	6,–
50 Sch. 600 J. Tirol	1963	12,–	18,–	11,–	25,–	18,–	14,–	10,–
50 Sch. Ol. Sp. Innsbruck	1964	16,–	35,–	15,–	25,–	18,–	14,–	10,–
25 Sch. Grillparzer	1964	9,–	35,–	18,–	11,–	11,–	8,–	6,–
25 Sch. von Prechtl	1965	8,–	30,–	15,–	15,–	13,–	10,–	6,–
50 Sch. Rudolf d. St.	1965	15,–	40,–	18,–	25,–	18,–	14,–	10,–
25 Sch. F. Raimund	1966	9,–	40,–	24,–	15,–	13,–	8,–	8,–
50 Sch. Nationalbank	1966	16,–	60,–	35,–	25,–	20,–	14,–	10,–
25 Sch. Maria Theresia	1967	7,–	15,–	7,–	15,–	11,–	8,–	6,–
50 Sch. Donauwalzer	1967	12,–	18,–	10,–	25,–	18,–	14,–	10,–
25 Sch. Belvedere	1968	18,–	65,–	46,–	38,–	25,–	20,–	11,–
50 Sch. J. Republik	1968	18,–	50,–	35,–	25,–	20,–	14,–	10,–
25 Sch. P. Rosegger	1969	9,–	45,–	25,–	15,–	14,–	12,–	9,–
50 Sch. Maximilian I.	1969	12,–	25,–	15,–	25,–	18,–	14,–	10,–
25 Sch. Lehár	1970	7,–	17,–	9,–	15,–	11,–	8,–	6,–
50 Sch. Univ. Innsbruck	1970	11,–	15,–	10,–	25,–	18,–	12,–	10,–
50 Sch. Dr. Renner	1970	10,–	14,–	9,–	25,–	18,–	12,–	10,–
25 Sch. Wiener Börse	1971	7,–	14,–	7,–	15,–	11,–	8,–	6,–
50 Sch. Dr. Raab	1971	10,–	14,–	9,–	25,–	18,–	12,–	10,–
25 Sch. Ziehrer	1972	6,–	14,–	7,–	15,–	11,–	8,–	6,–
50 Sch. Univ. Salzburg	1972	9,–	14,–	9,–	25,–	18,–	12,–	10,–
50 Sch. Bodenunters.	1972	9,–	16,–	10,–	25,–	18,–	12,–	10,–
50 Sch. Bummerlhaus	1973	8,–	10,–	5,–	15,–	11,–	8,–	10,–
25 Sch. M. Reinhardt	1973	5,–	14,–	9,–	20,–	15,–	10,–	6,–
50 Sch. Dr. Körner	1973	8,–	14,–	9,–	25,–	18,–	12,–	10,–

411,– 997,– 587,– 728,– 533,– 391,– 281,–

Die 100 Schillingmünzen der Jahre 1974 bis 1979 und die 500 Schillingmünzen von 1980 bis 2001 haben keinerlei Wertsteigerungen erfahren.

Ungeeignet für eine Kapitalanlage sind Pseudomünzen (inkl. moderne Goldmünzen) und häufig angebotene Münzen.

Rekordzuwachsraten bei USA-Münzen wurden von Q. David Bowers in seinem Buch »Wertvolle Münzen als Geldanlage« (München 1975) aufgezählt. Im Anhang dieser Publikation nennt er 127 ausgewählte seltene Münzen der Vereinigten Staaten, die im Jahre 1948 US-$ 1000 und 1973 US-$ 38 000 wert waren.

Ein anderes Extrem bei US-Münzen erläutert G. B. Kelemen in einem Artikel der Monatszeitschrift »Die Münze« (Nr. 11/77). Danach wurden 1963 einige Morgan-Dollars der Münzstätte New Orleans (Mzz. O) in vorzüglicher Erhaltung stark überbewertet. Zu dieser Zeit hatte das US Treasure Department noch große Bestände dieser Münzen in Reserve, um damit bestimmte Banknoten zu decken.

1964 wurden die Bankreserven verringert und die aus den Tresoren geholten Dollars ließen die durch Spekulanten hochjonglierten Münzpreise purzeln. Folgende Tabelle verdeutlicht dies:

	1963	1964	1977	1983	1993	2001
Dollar 1898/0	300 $	5 $	11 $	24 $	13 $	14 $
Dollar 1899/0	10 $	3 $	11 $	24 $	10 $	13 $
Dollar 1902/0	35 $	3 $	11 $	24 $	10 $	13 $
Dollar 1903/0	1500 $	30 $	74 $	400 $	135 $	135 $
Dollar 1904/0	350 $	3 $	11 $	24 $	13 $	14 $

Seit 1964 ist bis 1983 ein konstanter Wertanstieg deutlich geworden, dann wieder ein Preisverfall.

Eine absolut sichere Kapitalanlage gibt es auch bei Münzen nicht. Wer z. B. seltene antike Münzen als Kapitalanlage betrachtet, kann sogar dabei Geld verlieren. Ein größerer Fund könnte z. B. die Zahl der vorhandenen Exemplare plötzlich erheblich vergrößern und damit den Wert kräftig drücken. Dies ist zwar unwahrscheinlich, aber nicht auszuschließen.

Durch Fälschungsverdacht können Münzen ebenfalls im Wert sinken; dafür gibt es mehrere Beispiele.

Darum muss nochmals auf die beiden wichtigsten Faktoren bei einer Kapitalanlage in Münzen hingewiesen werden: Voraussetzung sind größere numismatische Kenntnisse und eingehende Beobachtung des Münzenmarktes.

Abschließend noch eine Preisentwicklung – die der zwei teuersten deutschen Münzen:

Sachsen, 3 Mark 1917 – Reformationsjubiläum (Prägezahl: 100) 1971: DM 30 000, 1973: DM 50 000, 1976: DM 65 000, 1978: DM 80 000, 1988: DM 140 000, 2000: DM 140 000.

Bayern, 3 Mark 1918 – Goldene Hochzeit (Prägezahl: ca. 130) 1971: DM 18 000, 1973: DM 30 000, 1976: DM 40 000, 1978: DM 50 000, 1988: DM 55 000, 2000: DM 60 000.

Wie werden Münzen hergestellt?

Münzherstellung in der Antike und im Mittelalter

Herodot schrieb im 1. Buch seiner Historien, Kap. 94: »Die Lyder sind die ersten Menschen, die Gold- und Silbermünzen geprägt und verwendet haben.« Dies bestätigte sich, als man in den Fundamenten des um 600 v. Chr. erbauten Artemis-Tempels von Ephesos stark silberhaltige Flussgoldmünzen fand. Es waren Teilstatere des lydischen Königs Alyattes (610 – 561 v. Chr.) mit dem Kopf des Sonnenlöwen des Lichtgottes Apollon, nach dessen Beinamen Elektor – der Strahlende, Glänzende – das leuchtende Metall von den Griechen Elektron genannt wurde. Die Prägung der Münzen erfolgte von der Antike bis in das 16. Jahrhundert ausschließlich durch Hammerschlag (z. T. bis ins 18. Jahrhundert).

Der Unterstempel war in einen Amboss, Holzblock oder Steinquader eingelassen. Der zu prägende Schrötling wurde erhitzt auf das Stempelbild im Amboss gelegt und der Oberstempel aufgesetzt. Mit einem kräftigem Hammerschlag auf den Oberstempel bzw. auf das Obereisen erfolgte die Prägung.

Schematische Darstellung der Handprägung

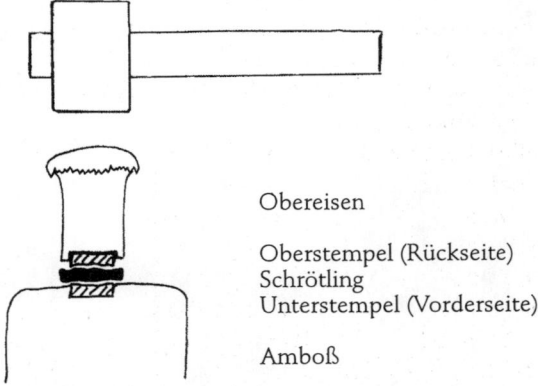

Obereisen

Oberstempel (Rückseite)
Schrötling
Unterstempel (Vorderseite)

Amboß

Die Stempel bestanden meist aus Eisen oder einer besonders ge-
härteten Bronze mit hohem Zinngehalt, von denen noch einige
existieren.

Seit dem 4. Jahrhundert vor Christus wurden Münzen auch gegossen (zuerst das römische aes grave).

Der Wandel der Münzprägung in den letzten 400 Jahren

In der Mitte des 16. Jahrhunderts wurde in der Tiroler Münze zu
Hall erstmals ein neues Prägeverfahren neben der Handprägung an-
gewendet: Die Walzenprägung.

Das Walzprägewerk arbeitete anfangs mit einem von Pferden an-
getriebenen Drehwerk, später mit Wasserkraft. Zur Prägung zog
man die Zaine (dünne Metallplatten) durch die Walzen, die von
oben die Vorder- und von unten die Rückseite in das Blech prägten.

Eine verbesserte Weiterentwicklung stellte das Taschenwerk dar.
Im Vergleich zu dem Walzenprägwerk war es bedeutend kleiner
und konnte mit der Kraft eines Mannes bedient werden.

Im Taschenprägewerk waren nur je ein Ober- und ein Unterstempel eingebaut, deren Oberfläche walzenförmig durch Hin- und

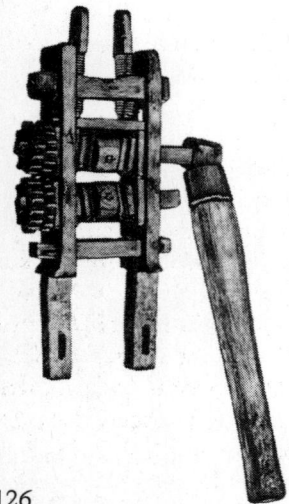

Taschenwerk des 17. Jahrhunderts

126

Herbewegung den dazwischen geschobenen Zain prägten. Die Verbesserung lag vor allem darin, dass bei Beschädigung eines einzelnen Stempels nicht die ganze Walze mit mehreren Stempeln verloren ging. Außerdem wurde ein genaues Aufeinandertreffen der Stempel ermöglicht. Bei beiden Verfahren blieb aber der Nachteil, dass die Münzen selten ganz rund oder flach ausfielen.

Am Ende des 17. Jahrhundert löste das Spindelwerk, auch Stoßwerk oder Balancier genannt, das Taschenwerk ab. Eine Spindelschraube wurde über zwei horizontale Arme von zwei bis zwölf Männern gedreht, um den Oberstempel auf Schrötling und Unterstempel zu pressen. Dieses Verfahren garantierte eine kraftvolle, federnde und gleichmäßige Prägung bis zu einem Druck von ca. 30 Tonnen. Für größere Stückzahlen war dieses Gerät aber ungeeignet.

Zu Beginn des 19. Jahrhunderts wurde die Kniehebelpresse erfunden, deren erstes Modell 1811 in St. Petersburg eingesetzt wurde. Bei diesem System wird der Oberstempel nicht durch Stoß gegen den Schrötling gedrückt, sondern durch einen sich steigernden Druck, der durch einen Hebel in Knieform ausgeübt wurde. Mit diesem – inzwischen mehrfach verbesserten – Verfahren werden heute noch die Münzen in modernen Prägepressen mit einem Druck von 40 bis 250 Tonnen und einer Schnelligkeit von 100 bis 300 Stück je Minute geprägt.

Am Beispiel einer Gedenkmünze der BRD soll im Folgenden die Entstehung einer Münze in unserer Zeit erklärt werden:

1. Ausschreibung der Wettbewerbsbedingungen
Das Bundesministerium für Raumordnung, Bauwesen und Städtebau schreibt zur Erlangung von Entwürfen für eine Gedenkmünze einen engeren Wettbewerb aus, an dem 25 bis 40 Künstler in der Bundesrepublik Deutschland zur Beteiligung aufgerufen werden.

Als Anhalt für die Bearbeitung werden manchmal Abbildungen (z. B. Porträtfotos) zur Verfügung gestellt. Außerdem soll der Entwurf bestimmten Motivvorstellungen der Auslober entsprechen. Es können von jedem Künstler mehrere Entwürfe eingereicht werden, vergütet wird aber nur einer je Künstler.

Folgende Bedingungen werden gestellt:

a) Einsendung eines plastischen Entwurfs der Vorder- und Rückseite in weißen ungetönten Gipsmodellen mit einem Durchmesser von 11 cm, dazu die Fotografie in Originalgröße der späteren Ausführung sowie Entwurf einer Randschrift.

b) Der Entwurf muss auf den Anlass Bezug nehmen. Die Harmonie zwischen Bild- und Wertseite sowie Randschrift ist erwünscht.

c) Das Modell muss den Bundesadler aufweisen – das Adlerbild ist in einer für das Münzbild geeigneten Form künstlerisch auszugestalten. Außerdem ist erforderlich: Die Beschriftung »Bundesrepublik Deutschland« in großen oder kleinen Buchstaben, die Wertbezeichnung, die Jahreszahl und das Münzzeichen (bis 2001), ab 2002 nur bei Gedenkmünzen.

d) Die erhabenen Flächen des Münzbildes sollen möglichst über die Gesamtfläche verteilt sein. Die Münze soll auf beiden Seiten einen das Gepräge schützenden Rand erhalten, der mindestens die gleiche Höhe wie die höchsten Stellen des Reliefs hat, besser jedoch etwas höher ist.

e) Die Ablieferung der Entwürfe hat termingerecht (meist innerhalb von zwei bis drei Monaten) zu erfolgen.

2. Vom Entwurf bis zum Prägestempel

Nach mehreren Vorentwürfen fertigt der Künstler exakte Reinzeichnungen an. Nach diesen schneidet er Gipsnegative, die dann anschließend in positive Gipsmodelle umgegossen werden. Wenn sich das Preisgericht des Bundesministeriums für einen Entwurf entschieden hat, der auszuführen ist, wird nach eventuellen Änderungen eine Spezialwerkstatt mit der Herstellung der Prägewerkzeuge einschließlich des Schrifträndelbackens beauftragt. Dort werden von den Gipsmodellen widerstandsfähige Kunststoffabgüsse hergestellt, von denen – in etwa fünffacher linearer Verkleinerung – die Patrizen aus Metall gefertigt werden. Dies geschieht mit einem Relief-Pantograph, der die Kunststoff-Form Quadratmillimeter um Quadratmillimeter genau abtastet und das Motiv exakt in der gewünschten Verkleinerung in eine Edelstahlscheibe

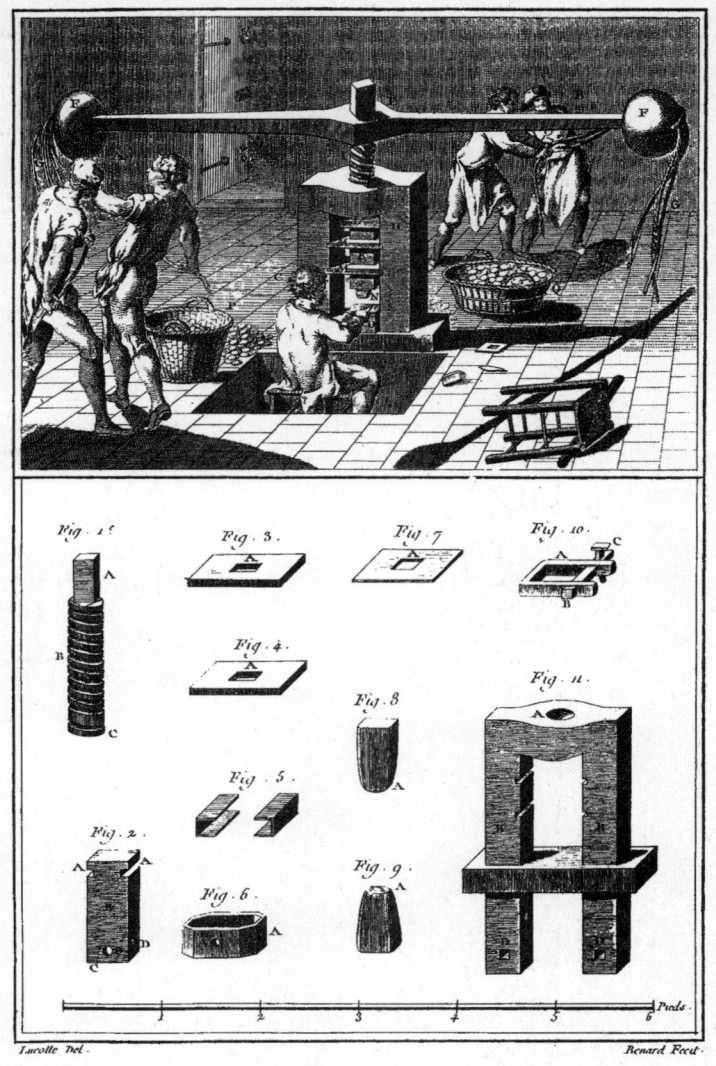

Monnoyage, Balancier

aus Diderot Encyclopaedie, Medaille et Monnoie, Paris 1751–1777 (19 Tafeln)

Monnoyage, Lavures.

S. 130/131:
*aus Diderot Encyclopaedie, Medaille et Monnoie, Paris 1751–1777
(19 Tafeln)*

fräst bzw. überträgt. Von dieser »Urpatrize« werden nun die eigentlichen Prägewerkzeuge – das Ober- und Untergesenk –wiederum negativ als Matrizen umgesenkt.

Die Urpatrize wird nochmals überprüft und eventuell korrigiert, bevor den einzelnen Münzämtern Matrizengesenke zur Verfügung gestellt werden. Nachdem diese ihre Münzzeichen eingesetzt haben, beginnt die Münzprägung.

3. *Münzplättchen von der Herstellung bis zur Prägung und Verteilung*

Zur Herstellung der Schrötlinge werden in einem elektrischen Ofen 625 Teile Silber und 375 Teile Kupfer geschmolzen und vermischt (bis 2001). Diese Legierung wird bei 1100 Grad in Platten gegossen, analysiert und in Münzstärke kalt ausgewalzt. Aus diesen Zainen werden die Münzrohlinge im Gewicht und Durchmesser des 10-DM-Stückes gestanzt. Zu schwere und zu leichte Plättchen werden mit den Zainresten erneut eingeschmolzen. Nach dem Randstauchen werden die Schrötlinge in einem Temperofen weichgeglüht und in einem Beizprozess »weißgesiedet«.

In einer Randstauchmaschine mit Schrifträndelbacken wird die Randschrift eingeprägt. Vor der eigentlichen Prägung wird nochmals das genaue Gewicht kontrolliert.

In der Prägemaschine werden die Münzplättchen durch eine Vorschubzange in einen Prägering geschoben, während die beiden Stempel vertikal gleichzeitig beide Prägebilder auf die Münze mit 160–180 Tonnen Druck übertragen. Danach drückt der Unterstempel die geprägte Münze nach oben aus dem Prägering. Während des Wegschiebens gleitet eine neue Ronde in den Prägering. In der Gütekontrolle werden fehlerhafte Stücke aussortiert. Die anderen Münzen werden maschinell gezählt, in kleine Säcke à 200 Münzen vernäht, nochmals verwogen und über Landeszentralbanken in den Umlauf gebracht.

Münzen fotografieren

Für Versteigerungskataloge, Händlerlisten, Veröffentlichungen in Zeitschriften und Büchern werden viele Fotos von Münzen benötigt. Aber auch Sammler wünschen sich oft Abbildungen ihrer Münzen, sei es für die eigene Münzkartei oder für einen Diavortrag über ein spezielles Sammelgebiet. Wer nun selbst Münzen fotografieren will, braucht eine gute Kamera. Eine einäugige Spiegelreflexkamera 24 x 36 mm (möglichst mit Objektivanschluss M 42), dazu Vorsatzlinsen, Stativ, Drahtauslöser und Belichtungsmesser ergäbe die einfachste Ausstattung. Bessere Ergebnisse sind mit Spiegelreflex- oder Plattenkameras der Formate 6×6 6×9 und 9×13 cm zu erzielen, die aber weitaus teurer sind. Außer Vorsatzlinsen lassen sich Zwischenringe, Nah-Converter und Balgengeräte für den Nahbereich verwenden (einzeln und auch kombiniert).

Das Hauptproblem bei der Münzfotografie zeigt sich bei der Ausleuchtung des Aufnahmeobjektes – also der Münze. Bei falscher Anordnung der Lampen werden die Münzen mit starken Reflexen im Bild wiedergegeben. Um Glanzlichter auszuschalten, genügt oft ein Versetzen der Leuchten nach oben oder unten oder zur Seite. So leicht z. B. manche Spiegelglanzmünzen zu fotografieren sind, so schwer fällt dies oft bei konkaven Münzen (israelische, irländische usw.). Folgende Lampenanordnung hat sich besonders bewährt: Eine Lichtquelle ist möglichst steil über der Münze anzubringen, eine andere extrem flach von der gleichen Seite her. Damit ist sowohl eine Aufhellung der Münzfläche wie auch eine plastische Schattenerzeugung innerhalb des Reliefs zu erzielen. Das steile Auflicht ist nur bei nicht zu geringem Abstand zwischen Objektiv und Münze möglich. Das bedeutet, dass Vorsatzlinsen wegen der kurzen Naheinstellung bei dieser Ausleuchtung weniger geeignet sind.

Um Reflexe sicher auszuschalten, benutzen Berufsfotografen polarisiertes Licht und Polfilter. Dabei werden die Lichtquellen mit Polarisationsfolien versehen und ein Polarisationsfilter vor dem Kameraobjektiv lässt bei entsprechender Drehung alle Metallreflexe auf Münzen verschwinden.

Eine oft benutzte Methode zur Vermeidung von Glanzlichtern auf Münzen ist das Fotografieren von Gipsabgüssen. Diese Aufnahmen werden bei Tageslicht zu kontrastlos; für eine gute Ausleuchtung ist scharfes Kunstlicht erforderlich. Weniger bekannt ist der Trick Münzen nach Entfettung in einem warmen Seifenlaugebad mit grauer Wasserfarbe oder Deckweiß zu bestreichen. Nun kann die Münze wie ein Gipsabdruck problemlos fotografiert und anschließend mühelos und schadlos unter Wasser gereinigt werden.

Mit folgenden Tipps sind weitere Bildverbesserungen möglich:

Münzschatten vermeiden: Glasplatte als Münzunterlage mindestens 5 cm über Hintergrundfläche auf Stützen legen.

Ausleuchtung bei Porträtmünzen: Tages- oder Kunstlicht auf die Stirn des Porträts richten.

Aufnahmen bei Tageslicht: Möglichst nur bei trübem Wetter. Mindestabstand vom Fenster ca. 1 m. Der Lichtabfall von der fensterabgewandten Seite wird mit weißem Karton, Spiegel oder Alufolie ausgeglichen. Keine Gegenaufhellung bei Porträts.

Abstand Objektiv-Münze: Möglichst volle Ausnutzung des Negativformates.

Welche Blende? Möglichst Blende 11 wegen größerer Tiefenschärfe.

Vermeidung von Verzerrungen: Kameraobjektiv lotrecht über Münze.

Kontrastreiche, feinkörnige Bildqualität: Verwendung von feinkörnigen Filmen (besonders Dokumentenfilm). Die geringe Lichtempfindlichkeit wird durch längere oder stärkere Belichtung ausgeglichen. Die Feinkörnigkeit lässt stärkere Vergrößerungen zu.

Maßstabstreues Vergrößern wird erleichtert: Durch Verwendung von Millimeter- oder Rechenkästchenpapier als Unterlage der aufzunehmenden Münze (nicht bei Verwendung einer Glasplatte als erhöhten Objektträger).

Hintergrund bei Dias: Möglichst dunkel (schwarzer Karton, Samt oder Ähnliches).

Bei Kunstlichtaufnahmen mit Color-Tageslichtfilmen ist als Lichtquelle nur spezielles blaues Kunstlicht zu verwenden. Bei anderem Licht muss ein Blaufilter vor das Objektiv gesetzt werden. Dabei sind längere Belichtungszeiten zu beachten.

Auch bei Kunstlichtaufnahmen mit Color-Kunstlichtfilmen sind entsprechende Speziallampen (z. B. Nitraphot) empfehlenswert, um Farbverfälschungen zu vermeiden.

Abschließend sei noch auf ein besonderes Aufnahmeverfahren hingewiesen. Es wurde im Juli 1970 von Gerhart Isert in den Geldgeschichtlichen Nachrichten beschrieben. Er macht auf Amateur-Vergrößerungsgeräte aufmerksam, mit denen man außer vergrößern auch fotografieren und reproduzieren kann – sowohl im Kleinbildformat wie auch auf 6 x 6-cm-Planfilm oder -Platten. Bei diesen Geräten wird die Negativbühne gegen eine Reprokassette für den Film ausgetauscht. Die aufzunehmende Münze befindet sich dann auf der Grundplatte, auf der beim Vergrößern die Papierkassette liegt. Mit einer großen Seidenpapierschlaufe bildete Isert unter dem Vergrößerungsgerät ein Lichtzelt, in dessen diffusem Licht keine störenden Glanzlichter entstehen können. Einzelheiten siehe: Geldgeschichtliche Nachrichten, Frankfurt Nr. 79/165 ff.

Zu empfehlen ist das Buch von Kl. P. König »So fotografiert der Sammler. Detailfotografie«, Stuttgart 1986.

Seit einigen Jahren verdrängen digitale Fotos die Bilder von Filmen. Mit speziellen Kameras oder gescannten Filmfotos lassen sich diese Fotos mit einem Computer und einem Bildbearbeitungsprogramm sehr gut nachträglich bearbeiten. Damit können Fehler beseitigt und optimale Ergebnisse erreicht werden.

Münzen abformen

Abformungen von Münzen werden aus verschiedenen Gründen benötigt. Sammler von antiken oder älteren Münzen, für die es keine Spezialkataloge mit Abbildungen gibt, ergänzen ihre Münzkartei gerne mit möglichst originalgetreuen Bildwiedergaben. Hier bieten sich insbesondere Papierabdrucke an. Auch für die Münzbestimmung auf dem Postweg eignen sich gute Abdrucke durchaus. Für eine Fälschungsbestimmung muss natürlich das Original vorgelegt werden.

Teure Sammlungslücken lassen sich mit plastischen Kopien aus Gips, Siegellack, zahntechnischen Gussmassen oder weichen Metallen ausfüllen.

Schließlich werden Münzkopien - besonders solche aus Gips – oft für eine bessere Wiedergabe in der Münzfotografie verwendet (Ausschaltung von Bildreflexen oder gleichzeitiges Abbilden von Vorder- und Rückseite).

Papierabdrucke lassen sich auf folgende zwei Weisen herstellen:

1. Über die Münze legt man nicht zu glattes Papier, das man mit dem Griffende eines silbernen Löffels (oder Gabel) kräftig bereibt. Dabei erscheinen alle Einzelheiten der Münze.
2. Auch hier wird nicht zu glattes Papier (etwas größer als die Münze) benötigt, das auf einer Seite mit Graphit gleichmäßig eingeschwärzt wird. Graphit ist als Pulver käuflich oder man stellt es durch Abschleifen mit Sandpapier von einer Bleistiftmine selbst her. Das graphitberiebene Papier wird kurz in Wasser getaucht, trocken getupft und mit der Graphitschicht auf die abzubildende Seite der Münze gelegt. Nun wird mit einem Stäbchen aus Hartholz die weiße Seite des Papiers gegen die Münze berieben, bis das Relief in allen Einzelheiten wiedergegeben ist.

Bei beiden Verfahren ist darauf zu achten, dass sich die Münze während des Abriebs nicht verschiebt.

Zur Herstellung von plastischen Abgüssen lassen sich am einfachsten Formen aus Metallfolien fertigen.

Der Müntzmeister.

In meiner Müntz schlag ich gericht/
Gute Müntz an kern vnd gewicht/
Gülden/Cron/Taler vnd Batzen/
Mit gutem preg /künstlich zu schatzen/
Halb Batzen/Creutzer vnd Weißpfennig/
Vnd gut alt Thurnis / aller mennig
Zu gut/in recht guter Landswerung/
Dardurch niemand geschicht gferung.

Aus: Jost Amman »Eygentliche Beschreibung Aller Stände auff Erden« Frankfurt/Main 1568. Verse von Hans Sachs.

Dazu benötigt man:

a) einen Schraubstock
b) zwei Sperrholz- oder Metallplatten
c) zwei Gummi- oder Schaumstoffstreifen
d) Alu- oder Zinnfolie (Stanniol)
e) das abzuformende Original (die Münze)

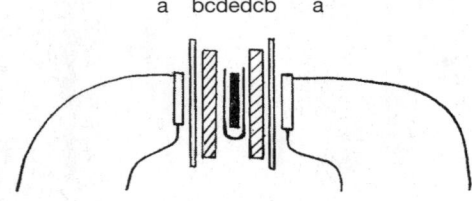

Die Münze legt man in einen gefalteten Folienstreifen (glänzende Seite nach innen) und fügt von beiden Seiten die Gummi- oder Schaumstoffstreifen dazu. Um eine gleichmäßige Prägung zu erzielen, fügt man noch Holz- oder Metallplatten hinzu und spannt alles zusammen in den Schraubstock ein. Nach kurzem kräftigen Anziehen lockert man den Schraubstock wieder, entnimmt die Teile und löst die gegen die Münze gepresste Folie sehr vorsichtig um sie nicht zu verbiegen. Wer keinen Schraubstock zur Verfügung hat, kann die in die gefaltete Folie eingebettete Münze durch Bestreichen mit einer Zahnbürste fast genauso gut ausprägen.

Der so hergestellte Folienabdruck kann in der Münzkartei direkt verwendet, also aufgeklebt werden oder er dient als Gussform für Gips (Alabastergips, Modellgips oder zahntechnischer Gips), Siegellack, flüssige erhärtende Kunststoffe und weiche Metalle wie Zinn oder Blei.

Weitere Einzelheiten sind den Artikeln der Zeitschrift »DIE MÜNZE« (1974 S. 93 von Kurt Cibis, Trier bzw. 1975 S. 569 und 1976 S. 22 von Hans Meyer Stolberg) zu entnehmen.

Andere Abformungsverfahren (z. B. Kupferprägungen, Metallkopien aus Kautschuk- oder Gipsformen) werden von Gerhard Welter in seinem Buch »Die Reinigung und Erhaltung von Münzen und Medaillen« ausführlich beschrieben.

Kupferstich von Paul Fürst, Nürnberg, 1652

Münzen und Geld in
Redensart und Sprichwort

Beide Begriffe sind auch im übertragenen Sinne in unseren täglichen Sprachgebrauch eingegangen. Die folgenden Redensarten und Sprichwörter verdeutlichen dies:

Begriff »Münzen«

Für bare Münze nehmen	= nach Aufkommen von Wechseln und Schecks
Mit gleicher Münze heimzahlen	= Gleiches mit Gleichem vergelten
Jede Münze hat ihre Kehrseite	= alles hat Vor- und Nachteile
Das ist keinen Pfennig wert	= minderwertig
Pfennigfuchser	= Geizkragen (sich fuchsen = umgangssprachl. seit ca. 1800 = sich ärgern)
Jeden Pfennig dreimal umdrehen	= vorsichtig im Geldausgeben
Wer den Pfennig nicht ehrt – ist des Talers nicht wert	= dieses Sprichwort ist in vielen Varianten und mehreren Dialekten und Sprachen bekannt
Der Groschen ist gefallen	= begriffen, verstanden haben
Schlechter Groschen	= schlechter Mensch
Auf Heller und Pfennig	= die Abrechnung oder Buchführung ist korrekt
Keinen Deut wert	= der Name »Deut« wurde im Deutschen vom holländischen »Duit« abgeleitet, einer kleinen Münzeinheit
Ich kümmere mich keinen Deut darum	= es interessiert mich nicht im Geringsten
Er ist um keinen Deut besser	= Er ist um keine Nuance besser

Sein Scherflein beitragen	= Das Scherflein war eine sächsische und niedersächs. silberne Scheidemünze (24 Scherflein = 1 Schilling)
Seinen Obolus zahlen	= Antike griechische Kleinmünze
Besser heute einen Kreuzer als morgen einen Gulden	= ähnlich wie: Lieber den Spatz in der Hand als die Taube auf dem Dach
Bekannt wie ein Dreier	= berlinerisch für 3-Pfennigstück
Falscher Fünfziger	= meist berlinerisch »Falscher Fuffzijer« für unzuverlässige, unaufrichtige Person ursprgl. auf 50-Pfennigstücke bezogen
Das kostet einen Batzen Geld	= Die Berner Vierkreuzer-Stücke hatten seit dem 15. Jh. einen Bären als Münzbild. Diese Münzen nannte man nach dem Bären Batzen (von Bätzen, Betz u. Meister Petz)
Mit seinen Pfunden wuchern	= dies taten vorwiegend die Geldverleiher, Wechsler und Kaufleute mit ihrem Vermögen, das nach Pfunden, der größten Rechnungseinheit des Mittelalters gezählt wurde

Begriff »Geld«

Geld stinkt nicht	= nach der Antwort Kaiser Vespasians auf die Einwände gegen die von ihm eingeführte Abortsteuer (pecunia non olet)
Geld regiert die Welt	= nach einem Stich von Paul Fürst, Nürnberg 1652
Wenn das Geld im Kasten klingt – die Seele in den Himmel springt	= das Motto der Ablasskrämer nach Hans Sachs »Wittenbergisch Nachtigal« (1523)

Eine Stange Geld verdienen (kosten)	= sehr viel Geld verdienen (kosten)
Geld dabei herausschlagen	= bei einem Verkauf gut verdienen
Geld ist Dreck, aber Dreck ist kein Geld	= kölnische Redensart
Er hat Geld wie Dreck	= er ist sehr reich
Er schwimmt im Geld	= dto.
Er riecht nach Geld	= man schätzt ihn als reich ein
Geld aus dem Ärmel schütteln	= Redensart, die bereits im 16. Jh. bekannt war (vielleicht auch schon früher)
Das kostet ja ein Heidengeld	= furchtbar viel Geld – Heiden im biblischen Sinne = furchtbar (wie Heidenangst, Heidenarbeit, Heidenlärm, Heidenspaß)

TV CALIGAS INFLARE MEAS, EGO CVDERE NVMMOS

»Geld aus dem Ärmel schütteln«.
Theodor de Bry: Emblemata secularia. 1611, Emblem 62

Berühmte Münzensammler

Kaiser Augustus (63 v. Chr. bis 14 n. Chr.) verschenkte an seine Freunde »königliche und fremde Münzen« (nach Sueton). Der zur gleichen Zeit lebende römische Schriftsteller M. T. Varro ist als erster Numismatiker anzusehen. Er verfasste eine ausführliche Übersicht der Geschichte der römischen Münzprägung.

Als erster Münzensammler des Mittelalters gilt der italien. Dichter F. Petrarca (1304–1374). Einen Teil seiner Sammlung übergab er in Mantua dem deutschen Kaiser Karl IV. mit der Empfehlung in einigen römischen Kaisern seine Vorbilder zu sehen. Zeitgenossen Petrarcas wie Cosimo de Medici, Oliviero Forza oder Cola di Rienzo galten ebenfalls als eifrige Sammler antiker Münzen.

Auch Papst Paul II. (1418–1471) war als Münzensammler bekannt. Albrecht Dürer interessierte sich sehr für Münzen und fertigte selbst Medaillen an. Kaiser Maximilian I. gründete in Wien ein Münzkabinett.

Der ungarische Kardinal Martinuzzi soll Anfang des 16. Jh. 1000 Goldmünzen des thrakischen Königs Lysimachos besessen haben. Münzsammlungen von Erasmus von Rotterdam und den Fuggern waren Grundstöcke für spätere fürstliche Sammlungen und Münzkabinette.

Viele Adelige sammelten seit dem 16. Jh. bis heute Münzen. Folgende Namen sind nur Beispiele: Kaiser Ferdinand I., Kurfürst Maximilian von Bayern, Cromwell, Jacob II., Ludwig XIV., Friedrich III./I. von Preußen, Königin Christine von Schweden, Anton Ulrich von Braunschweig, Kaiser Joseph I., Kaiser Karl VI., Kaiser Franz I. Stephan.

Goethe hatte von seiner Italienreise nicht wenige Münzen mitgebracht, auf deren Besitz er stolz war. Auch Napoleon III. hatte eine Vorliebe zu antiken Münzen. Viktor Emmanuel III. (1869 bis 1947) war ein begeisterter Numismatiker.

Münzsammler waren auch Großfürst Michaelowitsch, Prinz Anton Radziwill und König Faruk von Ägypten.

Einkommen und Preise
im Laufe der Jahrhunderte

Einkommen		Preise
500 v. Chr.		
Tageslohn		1 Brot 1 Obol
für Handwerker 6 Obole		1 Theaterbesuch 2 Obole
für Hilfsarbeiter 2 Obole		1 Stier 60 Obole
300 n. Chr.		
Tageslohn		1 Pfund Fleisch 11 Denare
für Handwerker 10 Denare		$^1/_2$ Liter Wein 15 Denare
		$^1/_2$ Liter Bier 4 Denare
		1 Paar Sandalen 100 Denare
750–1050 n. Chr.		1 Huhn $^1/_2$ Pfennig
		15 Pfund
		Roggenbrot $^1/_2$ Pfennig
		1 fetter Ochse 60 Pfennige
		1 Pferd 150 Pfennige
Um 1320		
Tageslohn eines Steinmetz		1 Pfund Butter 2 Pfennige
im Sommer 4 Pfennige		1 Schinken 5 Pfennige
im Winter 2 Pfennige		1 Fisch 1 Pfennig
Um 1400		
Tageslohn eines Maurers		1 Brot 2 Heller
im Sommer 40 Heller		1 Pfund Butter 2 Heller
im Winter 32 Heller		1 Pfund Rindfleisch 4 Heller
Tageslohn eines Handlangers		1 Schinken 5 Heller
im Sommer 22 Heller		
im Winter 18 Heller		
Im 17. Jahrhundert [1 Taler = 72 Kreuzer]		
Monatslohn		1 Zitrone 5 Kreuzer
einer Köchin 1 Taler		1 Pfund Rindfleisch 6 Kreuzer
eines Dieners 2 Taler		1 Pfund Butter 7 Kreuzer
Monatseinkommen		1 Pfund Hecht 15 Kreuzer
eines Ratsherrn 8 Taler		1 Pfund Forellen 20 Kreuzer
eines Schöffen 10 Taler		1 Pfund Zucker 25 Kreuzer
		1 Gans 32 Kreuzer
		1 Bluse 20 Kreuzer
		1 Rock 20 Kreuzer

Einkommen		Preise	
noch 17. Jahrhundert		1 Wams	24 Kreuzer
		1 Paar Frauenschuhe	68 Kreuzer
		1 Arztbesuch	36 Kreuzer
Um 1760 [1 Gulden = 60 Kreuzer]			
(in der Porzellanmanufaktur		1 Herrschaftsmahl-	
Hoechst)		zeit	36 – 48 Kreuzer
Monatseinkommen eines		1 Dienermahlzeit	
Direktors	33$^1/_3$ Gulden	mit Bier	12 Kreuzer
Kontrolleurs	16$^2/_3$ Gulden	1 Wochenmiete in	
Blumenmalers	30 – 35 Gulden	guter Herberge	45 Kreuzer
Farbenherstellers	20 Gulden	1 Tages-Stallmiete	
Lehrjungen	5 Gulden	für 1 Pferd	1 Kreuzer
Tagelöhners	8 Gulden	1 Tagesmiete	
		für 1 Kutsche	4$^1/_2$ Gulden
		Holztransport vom	
		Wald in die Stadt	2 Gulden
Um 1850 [1 Taler = 30 Groschen]			
Wochenlohn eines		Wochenmiete einer Wohnung	
Baumwoll- und		(mittlerer Preis)	20 Groschen
Leinenwebers	2 Taler, 3 Gr.	3$^1/_2$ Pfund Fleisch	12 Groschen
Tageslohn einer		1 Schwarzbrot	3$^1/_2$ Groschen
Strickerin oder		1 Pfund Butter	6 Groschen
Weißnäherin	4 Groschen	1 Pfund Mehl	1 Groschen
		1 Liter Milch	2$^1/_2$ Groschen
Um 1900 [1 Mark = 100 Pfennige]			
Monatslohn		1 kg Schweine-	
eines Hafen-		fleisch	1,50 Mark
arbeiters		1 kg Pferdefleisch	0,50 Mark
in Hamburg	61 Mark	1 kg Butter	1,86 Mark
Monatslohn		1 Liter Milch	0,20 Mark
eines Lehrlings		1 kg Mehl	0,36 Mark
bei den Farb-		1 kg Zucker	0,65 Mark
werken Hoechst	60 Mark	1 kg Zucker	0,65 Mark
Monatslohn		1 Liter Bier	0,24 Mark
eines Chemie-		50 kg Kartoffeln	2,65 Mark
arbeiters	120 Mark	50 kg Kohle	1,20 Mark
		1 Herren-	
		anzug	10,– bis 75,– Mark
		1 Damen-Strick-	
		weste	1,– bis 6,– Mark

Der Müntzer.
Wann Treu gebricht, so taugt es nicht.

Wes ist das Bild? Hertz, prüfe dich,
ob Gottes Bild in dir gepräget?
Das Hertz verschlaget selber sich,
das falsch und wunder Bilder träget.
Der Himmels Marckt nimt keines an,
Das Christi Bild nicht zeigen kan.

Kupferstich des Christoph Weigel von 1698

Viele der auf den beiden vorhergehenden Seiten (Tabelle) genannten Daten wurden mit Genehmigung der Bank für Gemeinwirtschaft, Frankfurt, den Faltblättern zur Wanderausstellung »Das Geld – 5000 Jahre Geldgeschichte« entnommen. Der Autor dankt der BfG für die Genehmigung des auszugsweisen Abdrucks.

Herkunft und Bedeutung
einiger bekannter Münznamen

H = Herkunft
B = Bedeutung

Albus
H: von lat. denarius albus = Weißpfennig
B: Seit dem 14. Jh. geprägte groschenartige Silbermünze im Niederrheingebiet

Argenteus
H: von lat. nummus argenteus = Silbermünze
B: Ende des 3. Jh. unter Diocletian eingeführte römische Münze, die $1/96$ des römischen Pfundes entsprach = 3,4 g.

Batzen
H: Von Batz, Bätz oder Petz = Bär abgeleitet
B: Der Bär war das Wappentier der Stadt Bern, die seit dem 15. Jh. (bis ins 19. Jh.) Batzen prägte. Die Batzen waren sowohl in der Schweiz wie auch in Süddeutschland (bis 16. Jh.) eine wichtige Währung.

Brakteaten
H: von lat. bractea = dünnes Blech
B: Brakteaten sind einseitig geprägte mittelalterliche Hohlpfennige aus dünnem Silberblech. Meistens in Süd- und Mitteldeutschland geprägt waren sie im 12. bis 14. Jahrhundert in fast ganz Deutschland im Umlauf.

Cent
H: von lat. centum = hundert
B: Währungseinheit der USA seit 1785 sowie fast aller Staaten, die dem Commonwealth angehören, aber auch in anderen Ländern (z.B. in Deutschland [seit 2002]). Vom gleichen Wortstamm: Centavo, Centesimo, Centime, Centimo und Sentimo.

Crown → Krone

Denar

H: von lat. denarius = Zehner oder Pfennig (s. a. dort)

B: Der Denar war die wichtigste Silbermünze des römischen Reiches seit ca. 210 v. Chr. – anfangs zu 10 Ass. Auch im Mittelalter war er lange die Hauptwährungsmünze. Vom gleichen Wortstamm der französ. Denier, der italien. Denaro und der Dinar aus Jugoslawien und Iran.

Dollar

H: Von Taler abgeleitet (s. d.)

B: Im 17. und 18. Jh. wurde eine größere Silbermünze im englischen Sprachbereich öfters als Dollar (Taler) bezeichnet. 1792 erklärten die Vereinigten Staaten von Amerika den Dollar zu ihrer Hauptwährungsmünze (von Kanada, Australien, Neuseeland und anderen Ländern übernommen).

Drachme

H: Von griech. drax = eine Hand voll (Spieße = vormünzliche Zahlungsmittel) fassen (s. a. Obol)

B: Drachmen gab es vom 6. Jh. v. Chr. bis zum 1. Jh. n. Chr. im antiken Griechenland, aber auch im heutigen seit 1831.

Dukat

H: Vom letzten Wort der Umschrift einer venezianischen Goldmünze abgeleitet: »Sit tibi Christe datus, quem tu regis iste ducatus« (dir Christus sei das Herzogtum geweiht, das du regierst).

B: Der seit 1284 bis 1797 unverändert geprägte venezianische Dukat wurde von vielen Ländern nachgeahmt (in Deutschland über Jahrhunderte die beliebteste Goldmünze).

Ecu: Abkürzung für European Currency Unit. Der Ecu gilt als Vorläufer des Euros (s. a. Krone).

Escudo

H: span. = Schild (lat. scutum)

B: Die mit einem Wappenschild geprägten Escudos gab es von 1537 bis 1788 als span. Goldmünzen und von 1864 bis 1868 als span. Silbermünzen. Vom gleichen Wortstamm auch Scudo und Escudillo.

Floren

H: von lat. flos = Blume, auch Lilie

B: Der Floren mit dem Liliensymbol der Stadt Florenz (seit 1252) wurde in fast allen europäischen Ländern zum Vorbild der mittelalterlichen Goldgulden. Vom gleichen Wortstamm: Florin und Fiorino.

Groschen

H: von lat. grossus denarius = dicker Pfennig

B: Italien. Groschen (Grossi) gab es seit dem 12. Jh. bis ins 18. Jh. Der französ. gros tournois wurde erstmals 1266 in Tour geprägt; er entsprach 12 Denies (Pfennigen). Die ersten deutschen Groschen folgten 1297. Vom gleichen Wortstamm: Groat (engl.), Groot (niederld.) Grosz (poln.) und Groten (norddeutsch).

Gulden

H: Abgeleitet von golden und gülden

B: Der Gulden wurde im 14. Jh. als Nachahmung des Floren eine wichtige Goldmünze, seit dem 16. Jh. auch eine Silbermünze. In den Niederlanden blieb der Gulden bis heute die Hauptwährung (seit 1679). Die Abkürzung für den Gulden erfolgt heute noch mit fl. für Floren bzw. hfl. für holländ. Gulden.

Heller

H: von Haller oder Häller Pfennig

B: Die Reichsmünzstätte Schwäbisch Hall prägte seit 1200 die Haller oder Häller Pfennige. Die weit verbreiteten Heller galten über Jahrhunderte als wertbeständige Kleinmünzen. Die letzten deutschen Heller wurden 1866 für Hessen geprägt. In Österreich war der Heller bis zum 18. Jh. und von 1892 bis 1923 Währungseinheit.

Kreuzer

H: Wegen des ursprünglich großen Kreuzes auf der Vorderseite werden die Tiroler Groschen Kreuzer genannt.

B: Der Kreuzer war von 1510 bis 1892 österreich. Währungseinheit. In Süd- und Mitteldeutschland galt der Kreuzer neben dem Heller und dem Pfennig lange als die wichtigste Kleinmünze. Die letzten deutschen Kreuzer ließ Württemberg 1873 prägen.

Krone

H: Nach der abgebildeten Krone auf Münzen

B: Die ältesten Kronen sind die französ. Ecu à la couronne von 1340 und die von den Niederländern nachgeahmte Couronne d'or, denen die engl. Crown (seit 1526) verwandt ist. Weitere Kronen sind die dän. Krone (seit 1618), die schwed. Krona (seit 1873), die norweg. Krone seit 1874), die österreich. Krone (1892–1914), die tschech. Koruna (seit 1922), die isländ. Krona (seit 1925) und die Kroon von Estland (1930–1934).

Lira

H: von lat. libra = Waage, auch altröm. Pfund

B: Das ursprüngl. Gewicht Lira wurde um 1472 erstmals in Venedig als Silbermünze ausgeprägt. Von 1861–2001 war die Lira Hauptwährung Italiens (seit 1844 der Türkei und seit 1921 in Syrien). Die engl. Abkürzung £ für Pfund bezieht sich auf Libra. Vom gleichen Wortstamm: Litra (Sizilien) und Livre (Frankreich bis 1795).

Mark

H: Seit dem 9. Jh. Gewichtseinheit, seit Beginn des 16. Jh. Münzeinheit.

B: Die Mark wurde im 16. Jh. zuerst von den Städten des Wendischen Münzvereins (besonders von Hamburg und Lübeck) und von der Reichsstadt Aachen (1577–1754) als Münze geprägt, gleichzeitig auch von Schweden, Dänemark und Norwegen. Finnland hat die Marka seit 1864 und Deutschland die Mark seit 1871 als Hauptwährung (bis 2001).

Nobel

H: von lat. nobilis = edel, vornehm und von engl. noble = edel, prächtig, adlig

B: Der Nobel (Schiffsnobel, Rosenobel) war eine bedeutende engl. Goldmünze von 1344 bis ins 16. Jh.).

Obol

H: Altgriech. gleich bedeutend mit »Bratspieß«, der ursprünglich als Gerätegeld und Kultgabe diente (s. a. Drachme)

B: Der altgriech. Obol oder Obolos hatte einen Wert von $1/6$ Drachme. Nach ihm wurde der mittelalterliche Halbpfennig (der Scherf) auch Obolus genannt.

Pfennig

H: althochdeutsch pending, altenglisch = penning = alte Bezeichnung für den Denar (s. a. dort)

B: Der karolingische Pfennig ist seit dem 7. Jh. als Münze bekannt, der englische Penny seit dem 8. Jh., der skandinav. Penning seit dem 10. Jh. und der altrussische Penjarz seit dem 11. Jh.

Pfund → (Libra)

Rappen

H: althochdeutsch rapp = dunkel (Rappen schwarzes Pferd)

B: Die kleinen Silbermünzen des 14. Jh. am Oberrhein, deren dunkle bis schwarze Farbe den Münzen den Namen gab, wurden im 15. Jh. vom Rappenmünzbund in Basel, Freiburg, Colmar und Breisach geprägt. In der Schweiz blieb der Name bis heute für Centime erhalten (Räppli).

Schilling

H: Wahrscheinlich von den römischen Währungseinheiten Solidus oder Siliqua abgeleitet oder vom althochdeutschen scellan (klingen) bzw. vom gotischen scildus (der Schild).

B: In der Antike war der Schilling nur Verrechnungseinheit, seit dem 13. Jh. als Münze geprägt. Sowohl in Skandinavien als auch in nord- und süddeutschen Ländern vielgeprägte Münze von schlechter Wertbeständigkeit. England prägte den Schilling vom 15. bis 20. Jh., Österreich seit 1924 (bis 2001).

Sesterz
H: von lat. semis = halb und tertius = der Dritte sinngemäß: dritthalber As

B: Der Sesterz, anfangs im Werte von $2^1/_2$ As, war neben dem Denar die meistgebrauchte römische Münze.

Solidus
H: lat. vollkommen, gediegen, massiv, solide

B: Der Solidus wurde seit 309 erstmals in Trier als römische Goldmünze geprägt (anstelle des Aureus), er blieb bis ins 10. Jh. west- und oströmische Hauptmünze. Im Byzantin. Reich war der Solidus noch bis ins 15. Jh. Vorbild für ähnliche Goldmünzen.

Taler
H: Ableitung von Joachimsthaler

B: Die Silberminen von Joachimsthal (Böhmen) erlaubten ab 1520 die reichliche Ausprägung von Großsilbermünzen. In acht Jahren wurden 1,2 Millionen »Joachimsthaler« geprägt, die wegen ihrer Beliebtheit bald nur noch kurz »Thaler« genannt wurden.

Auch im Ausland wurde die Bezeichnung leicht abgewandelt übernommen: In Dänemark und Schweden wurde es der »Daler«, in Italien der »Tallero«, in Polen der »Talar«, in Lothringen der »Thallard«, in den Niederlanden der »Daalder« und in den Vereinigten Staaten von Amerika der »Dollar« (s. a. dort).

Witten
H: norddeutsch = der Weiße

B: Der Witten wurde als norddeutsche Silbermünze zu vier Pfennig seit Mitte des 14. Jh. ursprünglich in Lübeck, Hamburg und Wismar geprägt. Bis ins 18. Jh. war der Witten fast in ganz Norddeutschland (auch in Dänemark) im Umlauf.

Zecchino oder Zechine

H: von italien. zecca = Münzstätte

B: Die Zechine war die alte Bezeichnung venezian. Goldmünzen seit 1284, die später (ab 14. Jh.) meistens Dukaten (s. a. dort) genannt wurden.

Literatur

Deutschland ab 1871

1. Arnold/Küthmann/Steinhilber: Großer Deutscher Münzkatalog von 1800 bis heute. Battenberg, München 2002 (Für den Sammler des gesamten Gebietes.)
2. Jaeger: Die deutschen Münzen seit 1871, Münzen und Mediallen AG, Regenstauf 2002 (in jeder Liste zitiert)
3. G. Schön: Kleiner Deutscher Münzkatalog ab 1871, Battenberg, München 2002 (mit Österreich, Schweiz und Liechtenstein)
4. G. Schön: Euro-Münzkatalog. Battenberg, München 2002
5. H. Kahnt: Die Preise der deutschen Münzen ab 1945, Regenstauf 1999
6. Michel-Münzen-Katalog: Die deutschen Münzen ab 1871, 2000
7. P. Neugebauer: Variatenkatalog der bundesdeutschen Kursmünzen, Regenstauf 2000

Deutschland von 1806 bis 1871

1. Arnold/Küthmann/Steinhilber: Großer Deutscher Münzkatalog von 1800 bis heute. Battenberg, München 2002 (Für den Sammler des gesamten Gebietes.)
2. K. Jaeger: 12 Einzelbände der deutschen Staaten. Basel 1966–1977 (Für den Sammler einzelner Teilgebiete – keine aktuellen Bewertungen.)
3. N. Thun: Deutscher Taler, Doppelgulden, Doppeltaler von 1800–1871. Frankfurt 1979 (Für den speziellen Taler-Sammler)
4. C. Schwalbach: Die neuesten deutschen Münzen unter Talergröße vor Einführung des Reichsgeldes (Leipzig 1904). Nachdruck Schloss Burgpreppach 1965 (Ohne Bewertungen).
5. C. Schwalbach: Die neueren deutschen Taler, Doppeltaler und Doppelgulden vor Einführung der Reichswährung. Lübeck 1967 (Keine aktuellen Bewertungen.)
6. J. S. Davenport: German Taler since 1800. London 1964
7. H. Kahnt: Die deutschen Silbermünzen 1800–1872, Regenstauf 2000

8. Krause/Mishler: Standard Catalog of World Coins 1801–1900, Iola (USA) 2001

Deutsche Münzen vor 1806

1. A. Suhle: Deutsche Münz- und Geldgeschichte von den Anfängen bis zum 15. Jahrhundert. München 1969
2. H. Gebhardt: Die deutschen Münzen des Mittelalters und der Neuzeit. Berlin 1929
3. F. Friedensburg: Münzkunde und Geldgeschichte der Einzelstaaten des Mittelalters und der neueren Zeit (Nachdruck von 1926). Frankfurt 1975
4. G. Schön: Altdeutschland. Ein Katalog der bekanntesten Münzen des Römisch-Deutschen Reiches von 768 bis 1806. Battenberg, München 1976
5. G. Schön: Deutscher Münzkatalog 18. Jh. Battenberg, München 2002
6. H. Rittmann: Deutsche Geldgeschichte 1484–1914. München 1975
7. H. Dannenberg: Die deutschen Münzen der sächsischen und fränkischen Kaiserzeit (Nachdruck der Ausgabe 1876–1905 in vier Bänden). Aalen 1967
8. C. J. Gotz: Deutschlands Kaisermünzen des Mittelalters (Nachdruck der Ausgabe 1827). 1976
9. W. Schulten: Deutsche Münzen aus der Zeit Karls V. (1484 bis 1559). Frankfurt 1974
10. JS. Davenport:
    a) German Talers 1500–1600. Frankfurt/M. 1979
    b) Europeans Crowns 1600–1700. Galesburg (USA) 1978.
    c) German Secular Talers 1600–1700. Frankfurt/M. 1976
    d) German Church and City Talers 1600–1700. Galesburg (USA) 1975
    e) Europeans Talers 1700–1800. London 1964
    f) German Talers 1700–1800. London 1965
    g) Silver Gulden 1559–1763. Neuwied 1992
11. Krause/Mishler: Standard Catalog of World Coins 1601–1700, Iola (USA) 2000
12. Krause/Mishler: Standard Catalog of World Coins 1701–1800, Iola (USA) 1998

Einzelne deutsche Länder, Städte, weltliche und geistliche Herren

Anhalt

1. K. Jaeger: Band 12 (Mitteldeutsche Kleinstaaten ab 1763). Basel 1972
2. H. Thormann: Die anhaltischen Münzen des Mittelalters. Münster 1969
3. J. Mann: Anhaltische Münzen und Medaillen vom Ende des 15. Jahrhunderts bis 1906 (Hannover 1907). Nachdruck Leipzig 1975

Baden

1. K. Jaeger: Band 2 (Baden, Frankfurt und Hessen). Basel 1969
2. F. Wielandt: Badische Münz- und Geldgeschichte, Karlsruhe 1979

Bayern

1. K. Jaeger: Band 5 (incl. Herzogtum Berg und Würzburg). Basel 1968, Neuaufl. 1978
2. J. B. Beierlein: Die bayerischen Münzen des Hauses Wittelsbach. 1180–1550. München 1897–1901
3. W. R. O. Hahn: Typenkatalog der Münzen der Bayerischen Herzöge und Kurfürsten. 1506–1805. Braunschweig 1971
4. Band 1: H.-J. Kellner – Die Münzen der freien Reichsstadt Nürnberg. Grünwald 1958
5. Band 2: H.-J. Kellner – Die Münzen der niederbayerischen Münzstätten Landshut, Straubing, Braunau, Hochstift Passau, Sinzendorf, Sprinzenstein und Neuburg am Inn. Grünwald 1958
6. Band 3: E. B. Cahn – Die Münzen des Hochstifts Eichstätt. Grünwald 1962
7. Band 4: R. Sellier – Die Münzen und Medaillen des Hochstifts Freising. Grünwald 1962.
8. Band 5: E. Beckenbauer – Die Münzen der Reichsstadt Regensburg. Grünwald 1978
9. Band 6: E. B. Cahn – Münzgeschichte und Münzkatalog des Herzogtums und Kurfürstentums Bayern. 1506–1679. Grünwald 1970

Brandenburg

1. E. Bahrfeldt: Das Münzwesen der Mark Brandenburg von den ältesten Zeiten bis zum Anfang der Regierung der Hohenzollern (1889–1913): Nachdruck Leipzig 1975
2. E. Bahrfeldt: Das Münzwesen der Mark Brandenburg unter den Hohenzollern bis zum Großen Kurfürsten, von 1415–1640 (1889–1913). Nachdruck Leipzig 1975
3. E. Bahrfeldt: Das Münzwesen der Mark Brandenburg unter Friedrich Wilhelm, dem Großen Kurfürsten und Kurfürst Friedrich III., 1640–1701 (1889–1913). Nachdruck Leipzig 1975
4. E. Bahrfeldt: Die Münzen- und Medaillensammlung in der Marienburg. Provinz Preußen vom Anbeginn bis 1701, Halle, Danzig, Königsberg 1901 ff.
5. Fr. von Schrötter: Die Münzen Friedrich Wilhelms des Großen Kurfürsten und Friedrich III. von Brandenburg. Nachdruck von 1913 in Vorbereitung

Braunschweig

1. K. Jaeger: Band 8 (Braunschweig und Hannover). Basel 1971.
2. W. Jesse: Die Münzen der Stadt Braunschweig von 1499 bis 1680. Braunschweig 1962
3. E. Fiala: Münzen und Medaillen der Welfischen Lande. Leipzig-Wien 1904–1917
4. W. Knigge: Münz- und Medaillenkabinett des Freiherrn Wilhelm Knigge (Hannover 1901). Nachdruck Bielefeld 1972
5. K. Knyphausen: Münz- und Medaillenkabinett des Grafen Karl zu Inn- und Knyphausen (Hannover 1872). Nachdruck Bielefeld 1972
6. G. Duve: Braunschweigische Löser- und Dicktaler. 2 Bände. Frankfurt 1974
7. R. D. Besser: Münzen und Medaillen der Herzöge von Braunschweig und Lüneburg und der Grafen von Stolberg. Halberstadt 2002

Bremen

1. K. Jaeger: Band 6 (Nordwestdeutschland). Basel 1971
2. H. Jungk: Die Bremischen Münzen (Bremen 1875). Nachdruck Braunschweig 1967

3. B. Ahlström: Die Münzen der schwedischen Besitzungen 1561 bis 1878. Stockholm 1967

Frankfurt

1. K. Jaeger: Band 2 (Baden, Frankfurt und Hessen). Basel 1969
2. Joseph/Fellner: Die Münzen von Frankfurt am Main. 2 Bände (1896, 1903 u. 1920). Nachdruck Frankfurt 1972

Hamburg

1. K. Jaeger: Band 6 (Nordwestdeutschland) Band 1971
2. O. C. Gaedechens: Hamburgische Münzen und Medaillen. 3 Bände (Hamburg 1843–1876). Nachdruck Leipzig 1975
3. J. P. Langermann: Hamburgische Münz- und Medaillen-Vergnügen (1753), Nachdruck Hamburg 1975

Hannover

1. K. Jaeger: Band 8 (Braunschweig und Hannover). Basel 1971
2. R. B. Smith: The Anglo-Hannoverian Coinage. Die Münzen des Herzogtums Braunschweig-Lüneburg und des späteren Königreiches Hannover von 1700 bis 1866. Newcastle 1970

Hessen

1. K. Jaeger: Band 2 (Baden, Frankfurt, Kurhessen, Hessen-Darmstadt und Hessen-Homburg), Basel 1969
2. A. v. Hessen: Hessisches Münzcabinet. (1877). Nachdruck Bielefeld 1975
3. Hoffmeister: Hessische Münzen und Medaillen von 1231 bis 1880. 4 Bände. Leipzig 1974

Lippe

1. K. Jaeger: Band 7 (Nassau, Westfalen, Waldeck, Lippe und Schaumburg-Lippe). Basel 1969
2. P. Berghaus: Lippstädter Geld im Wandel der Jahrhunderte. Münster/W.
3. P. Berghaus: Aus der lippischen Münzgeschichte. Münster/W.

Lübeck

1. K. Jaeger: Band 6 (Nordwestdeutschland). Basel 1971
2. H. Behrens: Die Münzen der Stadt und des Bistums Lübeck (Berlin 1905). Nachdruck Hamburg 1998

Mecklenburg

1. K. Jaeger: Band 4 (Mecklenburg-Schwerin, Mecklenburg-Strelitz sowie Rostock und Wismar). Basel 1971
2. Nohejlová/Prátová: Das Münzwesen Albrechts von Wallenstein. Graz 1969

Nassau

1. K. Jaeger: Band 7 (Nassau, Westfalen, Waldeck, Lippe und Schaumburg-Lippe). Basel 1969
2. J. Isenbeck: Das nassauische Münzwesen (1879). Nachdruck Münster 1969

Oldenburg

1. K. Jaeger: Band 6 (Nordwestdeutschland). Basel 1971
2. H. Bendig: Das oldenburgische Münzwesen zurzeit des Grafen Anton Günther. Münster 1974

Ostfriesland

1. K. Jaeger: Band 6 (Nordwestdeutschland). Basel 1971
2. P. Tergast: Die Münzen Ostfrieslands (Emden 1883). Nachdruck Leer 1974

Preußen

1. K. Jaeger: Band 9 (Preußen von 1786 bis 1873). Basel 1970
2. Fr. v. Schrötter: Das Preußische Münzwesen im 18. Jahrhundert (Berlin 1904/1911). Nachdruck Münster 1968
3. Fr. v. Schrötter: Das Preußische Münzwesen von 1806 bis 1873 (Berlin 1925). Nachdruck Schloss Burgpreppach 1966
4. Fr. v. Schrötter: Die Münzen aus der Zeit der Könige Friedrich I. und Friedrich Wilhelm I. Nachdruck von 1902 i. V.
5. H. Dietzel: Die Münzen des Königreiches Preußen ab 1701. Berlin 1974
6. K. Martin: Die preußischen Münzprägungen von 1701 bis 1786. Berlin 1976

Reuß

1. K. Jaeger: Band 12 (Mitteldeutsche Kleinstaaten ab 1763). Basel 1972

Sachsen

1. K. Jaeger: Band 10 (Königreich Sachsen von 1806 bis 1873). Basel 1969
2. O. Merseburger: Münzen und Medaillen von Sachsen. Albertinische und ernestinische Linie (Leipzig 1874). Nachdruck Büderich 1972
3. H. Rittmann. Sächsische Geldgeschichte 1763 bis 1857. Frankfurt 1972
4. W. Haupt: Sächsische Münzkunde. 1486–1873. 2 Bände. Berlin 1974
5. K. W. Daßdorf: Leitfaden zur Übersicht der sächsischen Geschichte, Ausführliche Münzbeschreibungen (1801). Nachdruck Berlin 1971
6. v. Posern-Klett: Sachsens Münzen im Mittelalter (Leipzig 1846). Nachdruck Leipzig 1975
7. G. Krug: Die Meißnisch-Sächsischen Groschen. 1338–1500. Berlin 1974
8. H. Dietzel: Die Münzen des Kurfürstentums und Königreichs Sachsen ab 1694. Berlin 1976

Sächsische Herzogtümer

1. K. Jaeger: Band 11 (S.-Altenburg, S.-Coburg-Saalfeld, S.-Coburg und Gotha, S.-Hildburghausen, S.-Weimar und Eisenach, S.-Meiningen). Basel 1969
2. L. Grobe: Die Münzen des Herzogtums Sachsen-Meiningen (Meiningen 1891). Nachdruck Bielefeld 1975

Schaumburg-Lippe

1. K. Jaeger: Band 7 (Nassau, Waldeck und Pyrmont, Westfalen, Lippe und Schaumburg-Lippe). Basel 1969

Schleswig-Holstein

1. K. Jaeger: Band 6 (Nordwestdeutschland). Basel 1971
2. A. Meyer: Die Münzen und Medaillen der Herren von Rantzau (1882). Nachdruck Bielefeld 1975
3. M. Mehl: Die Münzen der Grafen zu Holstein-Schauenburg. Berlin 1972

Schwarzburg
1. K. Jaeger: Band 12 (Mitteldeutsche Kleinstaaten ab 1763). Basel 1972
2. E. Fischer: Die Münzen des Hauses Schwarzburg, Heidelberg 1904, Nachdruck 1998

Stolberg
1. K. Jaeger: Band 12 (Mitteldeutsche Kleinstaaten ab 1763). Basel 1972
2. K. Friedrich: Die Münzen und Medaillen des Hauses Stolberg und die Geschichte seines Münzwesens (Dresden 1911). Nachdruck Bielefeld 1975

Waldeck und Pyrmont
1. K. Jaeger: Band 7 (Nassau, Waldeck und Pyrmont, Westfalen, Lippe und Schaumburg-Lippe). Basel 1969

Westfalen
1. K. Jaeger: Band 7 (Nassau, Waldeck und Pyrmont, Westfalen, Lippe und Schaumburg-Lippe). Basel 1969
2. B. Beus: Das westfälische Münzwesen im Mittelalter. 1947
3. P. Berghaus: Westfälische Münzgeschichte des Mittelalters. Münster 1974

Württemberg
1. K. Jaeger: Band 1 (Königreich Württemberg mit den Fürstentümern Hohenzollern). Basel 1966. Neuaufl. 1977
2. Binder Ebner: Württembergische Münz- und Medaillenkunde. (1904–1905) Nachdruck Stuttgart 1969

Städte (ohne Notgeld des 20. Jahrhunderts)
Aachen: J. Menadier – Die Aachener Münzen. (Berlin 1913) Nachdruck Aachen 1971
Attendorn: P. Berghaus – Münzgeschichte von Attendorn. Festschrift z. 750-jährigen Stadtjubiläum
Augsburg: D. Steinhilber – Geld- und Münzgeschichte von Augsburg im Mittelalter. Jahrbuch f. Numismatik u. Geldgeschichte 5–6, 1954–1955

Bamberg: J. Heller – Die bambergischen Münzen. (Bamberg 1839) Nachdruck Nürnberg 1974

Berlin: W. Dopp – Berlin und sein Geld bzw. Münzwesen. Berlin 1972

Breslau: Friedensburg/Seger – Schlesiens Münzen und Medaillen der neueren Zeit. (Breslau 1901) Nachdruck Frankfurt 1976

Danzig: F. A. Vossberg – Geschichte der preußischen Münzen. (Berlin 1843) Nachdruck Leipzig 1975

Dortmund: A. Meyer – Die Münzen der Stadt Dortmund (1883) Nachdruck Hamburg 1977

Einbek: H. Buck – Die Münzen der Stadt Einbek. Hildesheim, Leipzig 1939

Emden: K. Knyphausen – Münz- und Medaillen-Kabinett. (Hannover 1872). Nachdruck Bielefeld 1972

Erfurt: K. Jaeger – Band 12 (Mitteldeutsche Kleinstaaten). Basel 1972

Erfurt J. Leizmann – Das Münzwesen und die Münzen Erfurts. (Weißensee/Th. 1862), Nachdruck Bielefeld 1975

Freiburg: U. Becker – Freiburger Münzen in 600 Jahren. Freiburg 1970

Fulda: R. Gaettens – Das Geld- und Münzwesen der Abtei Fulda im Hochmittelalter. Fulda 1957

Goslar: H. P. Cappe – Beschreibung der Münzen von Goslar. (1860) Nachdruck Bielefeld 1975

Hameln: G. Pflümer – Die Münzen der Stadt Hameln. Hameln 1894

Hamm/W.: K. Kennepohl – Die Hammer Münzen, 1927

Herford: P. Berghaus – Herforder Münzgeschichte. Herford 1971

Hildesheim: M. Mehl – Schöne Hildesheimer Münzen. 1000 bis 1789. Hildesheim 1974

Jever: K. Jaeger: Band 6 (Nordwestdeutschland). Basel 1971

Jülich: A. Noss – Die Münzen von Jülich, Moers und Alpen. München 1927

Kempten: E. Nau – Die Münzen und Medaillen der oberschwäbischen Städte. Freiburg 1964

Köln: G. Elmer – Die Münzprägungen der gallischen Kaiser in Köln, Trier und Mailand. Lüttich 1974

Köln: A. Noss – Die Münzen und Medaillen der Stadt und des

Erzbistums Köln. 4 Bände. (München 1913–1935) Nachdruck Hildesheim 1975

Konstanz: J. Cahn – Münz- und Geldgeschichte von Konstanz und des Bodenseegebietes im Mittelalter, 1911

Landau: R. Götze – Landau. Notmünzen aus der Belagerung 1702–1713. Nürnberg 1961

Lüneburg: M. v. Bahrfeldt – Die Münzen der Stadt Lüneburg. Berliner Münzblätter 1883

Magdeburg: Fr. v. Schrötter – Neuzeitliche Münzen von Erzstift und Stadt Magdeburg. Magdeburg 1909

Mainz: A. v. Hessen – Mainzisches Münzkabinett (1882). Nachdruck Münster 1968

Mannheim: R. Haas – Die Prägungen der Mannheimer Münzstätten. Mannheim, Wien, Zürich 1974

Medebach: A. Trippe – Die Münzen von Medebach. Braunschweig 1967

Meißen: W. Schwinkowski – Münz- und Geldgeschichte der Mark Meißen. (1931). Nachdruck Leipzig 1976

Moers: A. Noss – Die Münzen von Jülich, Moers und Alpen. München 1927

Mühlhausen: K. Jaeger: Band 12, Mitteldeutsche Kleinstaaten, Basel 1927

Münster: P. Berghaus – Die ältesten Münzen Münsters. Stockholm 1968

Münster: P. Berghaus – Kleine Münzgeschichte von Münster. Münster 1963

Neuß: A. Noss – Die Münzen der Städte Köln und Neuss, 1474–1794, Band 4 (Köln 1913–1935) Nachdruck Hildesheim/New York 1975

Nürnberg: H. J. Kellner – Die Münzen der freien Reichsstadt Nürnberg. Grünwald 1958

Osnabrück: K. Kennepohl – Die Münzen von Osnabrück. (1938) Nachdruck Münster 1967

Paderborn: P. Berghaus – Das Paderborner Münzwesen unter Ferdinand von Fürstenberg 1661–1683. Paderborn 1962

Passau: H. J. Kellner – Die Münzen der niederbayerischen Münzstätten. Grünwald 1958

Regensburg: E. Beckenbauer – Die Münzen der Reichsstadt Regensburg. Grünwald 1978

Rostock: E. Grimm – Münzen und Medaillen der Stadt Rostock. Berliner Münzblätter, Bd. 3, 1895/1901

Rottweil: E. Nau – Die Münzen und Medaillen der oberschwäbischen Städte. Freiburg i. Br. 1964

Soest: P. Berghaus – Streifzüge durch die Soester Münzgeschichte. Soest 1967–1970

Speyer: H. Ehrend – Speyerer Münzgeschichte. Speyer 1976

Stade: M. v. Bahrfeldt – Die Münzen der Stadt Stade. Wien 1879

Trier: G. Elmer – Die Münzprägungen der gallischen Kaiser in Köln, Trier und Mailand. Lüttich 1974

Trier: K. Lauter – Über 2000 Jahre Münzen im Trierer Land. Trier 1967

Trier: Fr. v. Schrötter – Die Münzen von Trier 1556–1794 (in Vorbereitung)

Trier: P. N. Schulten – Die Römische Münzstätte Trier. Frankfurt 1974

Ulm: E. Nau – Die Münzen und Medaillen der oberschwäbischen Städte. Freiburg i. Br. 1964

Wismar: E. Grimm – Münzen und Medaillen der Stadt Wismar. Berlin 1897

Worms: P. Joseph – Die Münzen von Worms. 1906

Würzburg: Piloty – Die Münzen und Medaillen des Bistums Würzburg. (1927). Nachdruck Friedberg 1976

Würzburg: Wagner – Würzburger Münzen. Würzburg 1977

Österreich seit 1918 (Republik)

1. G. Schön: Kleiner Deutscher Münzkatalog mit Liechtenstein, Österreich und Schweiz ab 1871 (jährliche Neuerscheinung) Battenberg, München 2002
2. P. Jaeckel/K. Jaeger: Die Münzprägungen des Hauses Habsburg 1780–1918 und der Republik Österreich seit 1918. Basel 1970 (Bewertungen bis 1969)

3. Austria-Münzkatalog 1790–2000. Wien 2000
4. D. Faßbender: Gedenkmünzen Deutschlands, Österreichs und der Schweiz. Battenberg, Augsburg 1993
5. R. S. Yeoman: Modern World Coins 1850–1960. Racine (USA) 1974 (unzutreffende Bewertungen für Europäer)
6. R. S. Yeoman: Current Coins of the World 1940–1976. Racine (USA) 1976 (unzutreffende Bewertungen für Europäer)

Österreich vor 1918 (Haus Habsburg und Kaiserreich)

1. P. Jaeckel/K. Jaeger: Die Münzprägungen des Hauses Habsburg 1780–1918 und der Republik Österreich seit 1918. Basel 1970
2. G. Schön: Weltmünzkatalog 19. Jahrh., Battenberg, München 2000
3. G. Probszt: Österreichische Münz- und Geldgeschichte von den Anfängen bis 1918. Wien 1973
4. G. Probszt: Die Münzen Salzburgs. Graz 1975
5. L. Herinek: Österreichische Münzprägung von 1657–1740. Wien 1972
6. L. Herinek: Österreichische Münzprägung von 1740–1969. Wien 1970
7. V. Miller zu Aichholz/A. Loehr/E. Holzmair: Österreichische Münzprägungen 1519–1918. Wien 1948
8. Austria – Münzkatalog 1790–2000. Wien 2000
9. A. Pohl: Die Grenzlandprägung (Österreich und Ungarn im 15. Jahrhundert). Graz 1972
10. P. Cerwenka/P. W. Roth: Der Münzumlauf des 16. Jahrhunderts im Raume des östlichen Österreichs. Graz 1972
11. R. Voglhuber: Taler und Schautaler des Erzhauses Habsburg von 1486 bis 1896. Frankfurt 1973
12. F. Pichler: Repertorium der Steierischen Münzkunde. (1865 bis 1875), Nachdruck Graz 1974
13. R. S. Yeoman: Modern World Coins 1850-1964. Racine (USA) 1983
14. W. Craig: Coins of the World 1750–1850. Racine (USA) 1976
15. J. S. Davenport: The Talers of the Austrian Noble Houses. Galesburg (USA) 1972

Gedenkmünzen

1. D. Faßbender: Gedenkmünzen Deutschlands, Österreichs und der Schweiz. Battenberg, Augsburg 1993
2. A. R. Slabaugh: United States Commemorative Coinage. Racine (USA) 1963
3. S. Haffner: History of Modern Israels Money. San Diego (USA) 1970
4. Pfefferkorn: 40 Jahre Deutsche Gedenkmünzen, Ostfilden 1993

Kleinmünzen

1. G. Schön: Weltmünzkatalog – 20. Jahrhundert. Battenberg, München 2002
2. G. Schön/J. F. Cartier: Weltmünzkatalog – 19. Jahrhundert. Battenberg, München 2000
3. Ch. L. Krause/Cl. Mishler: Standard Catalog of World Coins 1850–1993. Iola (USA) 2001
4. R. S. Yeoman: Modern World Coins 1850–1964. Racine (USA) 1983
5. R. S. Yeoman: Current Coins of the World 1940–1976. Racine (USA) 1988
6. W. Craig: Coins of the World 1750–1850. Racine (USA) 1976
7. Die Spezialkataloge von O. P. Eklund (Reprints 1962–1963 aus dem »Numismatist«)
   a) Copper Coins of German States
   b) Copper Coins of France 1574–1925
   c) Copper Coins of Denmark 1588–1923
   d) Copper Coins of Austria-Hungary 1745–1916
   e) Copper Coinage of the Papal States 1556–1878
   f) Copper Coins of Italy 15.–19. Jahrhundert
   g) Copper Coins of Portugal 1495–1923
   h) Copper Coins from Russia and Poland 1700–1917
   i) Copper Coins of Sweden
   j) Copper Coins of Spain 1474–1913

Antike griechische Münzen

1. British Museum Catalogues, 32 Bände. Nachdruck Bologna 1963. Für den Sammler griechischer Spezialgebiete (Stadtstaaten oder Länder) genügt der Erwerb einzelner Bände.
2. B. V. Head: Historia Nummorum. Nachdruck London 1963
3. Ch. Seltmann: Greek Coins. A History of Metallic Currency Coinage down to the Fall of the Hellenistic Kingdoms. New York 1965
4. H. A. Seaby: Greek Coins and their Values. London 1978
5. Jenkins/Küthmann. Münzen der Griechen. München 1972
6. K. Regling: Ancient numismatics. Berlin 1906 (Nachdruck)
7. L. Anson: Numismata Graeca. Greek coins types classified for immediate identification. 2 Bände. (London 1910–1916) Nachdruck Bologna 1967
8. Imhoof-Blumer: Griechische Münzen. (München 1890) Nachdruck Graz 1972
9. A. Florance: A Geographic Lexicon of Greek Coin Inscriptions. Chicago 1969

Antike römische Münzen

1. H. Mattingly/E. A. Sydenham: The Roman Imperial Coinage (RIC) Nachdruck seit 1966, bisher 9 Bände. London 1966 bis 1968
2. H. Cohen: Description Historique des Monnaies frappés sous l'Empire Romain, 8 Bände. (London-Paris 1880). Nachdruck Graz 1955
3. E. A. Sydenham: The Coinage of the Roman Republic. London 1952
4. H. Mattingly: BMC – Coins of the Roman Empire, 6 Bände. London 1962–1976
5. H. A. Seaby: Roman silver Coins, 4 Bände, London 1967–1971
6. D. R. Sear: Roman Coins and their Values. London 1974
7. B. R. Kankelfitz: Katalog römischer Münzen. Von Pompejus bis Romulus. Mit neuester Bewertung. Battenberg, Augsburg 1991 (Cohen-, RIC- und BMC-Nummern werden zitiert.)
8. C. H. V. Sutherland: Münzen der Römer. München 1974

9. M. H. Crawford: Roman Republik Coinage, 2 Bände. London 1974
10. R. Gebhardt/N. I. Backes: Münzkatalog Römische Republik, München 1998
11. G. Bruck: Die spätrömischen Kupferprägungen. Ein Bestimmungsbuch für schlecht erhaltene Münzen. Graz 1961
12. M. Grant: Roman History from Coins. Cambridge 1968
13. M. Grant: Roman Imperial Money. (Edinburgh 1954) Nachdruck Amsterdam 1972
14. P. N. Schulten: Die Römische Münzstätte Trier. Frankfurt 1974
15. G. Elmer: Die Münzprägungen der gallischen Kaiser in Köln, Trier und Mailand. Nachdruck Lüttich 1974
16. G. Elmer: Verzeichnis der römischen Reichsprägungen von Augustus bis Anastasius. (Wien 1933) Nachdruck Graz 1956
17. R. Göbl: Einführung in die Münzkunde der römischen Kaiserzeit. Wien 1960
18. Th. Mommsen: Geschichte des römischen Münzwesens. Nachdruck Graz 1956

Antike asiatische Münzen

China

1. W. Patalas: Chinesische Münzen von ihrem Ursprung bis 1912 (mit Bewertungstabelle v. H. Kroyer). Braunschweig 1965
2. E. Kann: Illustrated Catalogue of Chinese Coins (mit Bewertungen). Los Angeles 1953
3. R. Schlösser: Chinas Münzen. Dorsten 1937
4. A. A. Remmelts: Chinesische Kaeschmünzen von 618–1912. Amsterdam 1969
5. A. B. Coole: Encyclopedia of Chinese Coins, 6 Bände. Lawrence 1973–1976

Persien

1. BMC, British Museum Coins: Band 28 Persien, Band 23 Parthien. Bologna 1963
2. B. Head: The Coinage of Lydia and Persia. San Diego 1967

3. P. S. Moorey: Cataloguc of the Ancient Persian Bronzes in the Ashmolean Museum. London 1971
4. D. Sellwood: An Introduction of the Coinage of Parthia. London 1971
5. R. Göbl: Sasanidische Numismatik. Braunschweig 1971
6. H. Gaube: Arabosasanidische Numismatik. Braunschweig 1973

Indien
1. A Catalogue of Indian Coins in the British Museum 3 Bände – Nachdruck von 1908, 1914 u. 1936. London 1967
2. B. Head: The Earliest Graeco-Bactrian and Graeco-Indian Coins. Chicago 1967
3. M. Mitchiner: Indo-Greek and Indo-Scytians Coinage, 9 Bände. London 1976–1977
4. C. J. Brown: The Coins of India. London, Nachdruck von 1922

Keltische Münzen

1. R. Forrer: Keltische Numismatik der Rhein- und Donaulande, 2 Bände. (1908) Nachdruck Graz 1968–1969
2. K. Pink: Münzprägung der Ostkelten und ihrer Nachbarn. Braunschweig 1973
3. K. Pink: Einführung in die keltische Münzkunde mit besonderer Berücksichtigung Österreichs. Wien 1974
4. R. Göbl: Ostkeltischer Typenatlas. Mit methodischem Kommentar. Braunschweig 1973
5. Muret u. Chabouillet: Catalogue des monnaies gauloises de la Bibliotheque Nationale. Paris 1889
6. H. de la Tour: Atlas des Monnaies Gauloises (1892) Nachdruck London 1965
7. P. La Baume: Keltische Münzen. Ein Brevier. Braunschweig 1960
8. K. Castelin: Die Goldprägung der Kelten in den böhmischen Ländern. Graz 1965
9. A. Blanchet: Traité des Monnaies Gauloises. (1905) Nachdruck Bologna 1975
10. M. König: Das Rätsel der keltischen Münzen. Seevetal 1975

Byzantinische Münzen

1. R. Ratto: Monnaies Byzantines. Katalog der Sammlung Ratto mit erzielten Preisen. (Lugano 1930) Nachdruck Amsterdam 1959 (In Auktionen meistzitierter Katalog)
2. Bellinger/Grierson: Catalogue of the Byzantine Coins in the Dumbarton Oaks Collection (DOC) and in the Whittemore Collection. 3 Bände. Washington 1973
3. P. D. Whitting: Münzen von Byzanz. München 1973
4. W. Hahn: Moneta Imperii Byzantini (bisher 2 Bände). Wien 1973
5. H. Goodacre: A Handbook of the Coinage of the Byzantine Empire. (1928-33) Nachdruck London 1967
6. J. Sabatier: Description générale des Monnaies Byzantines. 2 Bände. (1862) Nachdruck Graz 1955
7. W. Wroth: Catalogue of the Imperial Byzantine Coins in the British Museum. London 1908
8. W. Wroth: Western and Provincial Byzantine Coins in the British Museum. London 1910
9. M. F. Hendy: Coinage and Money in the Byzantine Empire, 1081–1261. New York 1969
10. P. F. Rynearson: Byzantine coin values (mit Bewertungen). San Clemente (USA) 1971
11. D. R. Sear: Byzantine Coins and their Values. London 1974
12. Comte J. Tolstoi: Monnaies Byzantines. 2 Bände in russischer Sprache. (1912–1914) Nachdruck Amsterdam 1968

Münzen der Völkerwanderung

1. W. Wroth: Catalogue of the coins of the Vandals, Ostrogoths and Lombards in the British Museum. London 1911
2. F. Kraus: Die Münzen Odoakers und des Ostgotenreichs in Italien (Halle 1928). Nachdruck Bologna 1967
3. W. Reinhart: Die Münzen des toulousanischen Reiches der Westgoten. Deutsches Jahrbuch für Numismatik 1938
4. W. Reinhart: Die Münzen des Suebenreiches. Mitteilung der Bayerischen Numismatischen Gesellschaft 1937

5. W. Reinhart: Die früheste Münzprägung im Reiche der Merowinger. Deutsches Jahrbuch für Numismatik 1940/1941
6. M. Prou: Les monnaies mérovingiennes (Paris 1892). Nachdruck Graz 1969
7. P. le Gentilhomme: Mélange de numismatique mérovingienne. Paris 1940
8. J. Werner: Die Langobarden in Pannonien. München 1962

Münzen des Mittelalters

1. A. Suhle: Deutsche Münz- und Geldgeschichte von den Anfängen bis zum 15. Jahrhundert. München 1969
2. Ph. Grierson: Münzen des Mittelalters. München 1976
3. H. Gebhart: Die deutschen Münzen des Mittelalters und der Neuzeit. Berlin 1929
4. W. Jesse: Quellenbuch zur Münz- und Geldgeschichte des Mittelalters. Halle/Saale 1924
5. Luschin von Ebengreuth: Allgemeine Münzkunde und Geldgeschichte des Mittelalters und der neueren Zeit (Berlin 1926). Nachdruck München 1976
6. H. Dannenberg: Die deutschen Münzen der sächsischen und fränkischen Kaiserzeit. 4 Bände und Nachtrag (Berlin 1876 bis 1905). Nachdruck Aalen 1967
7. F. Friedensburg: Münzkunde und Geldgeschichte der Einzelstaaten des Mittelalters und der neueren Zeit (Berlin 1926). Nachdruck München 1972
8. G. Schön: Altdeutschland von 768 bis 1806. München 1967
9. Sammlung Löbbecke: Deutsche Brakteaten (1925). Nachdruck Münster 1974
10. D. M. Metcalf: The Coinage of South Germany in the Thirteenth Century. London 1961
11. Posern-Klett: Sachsens Münzen im Mittelalter (Leipzig 1846). Nachdruck Leipzig 1975
12. M. Prou: Les Monnaies Carolingienne (Paris 1896). Nachdruck Graz 1969

13. H. Völkers: Karolingische Münzfunde der Frühzeit, 751–800, Göttingen 1965
14. H. Thormann: Die anhaltischen Münzen des Mittelalters. Münster 1976
15. P. Berghaus. Westfälische Münzgeschichte des Mittelalters. München 1974
16. B. Peus: Das westfälische Münzwesen im Mittelalter. Münster 1947
17. K. Castelin: Grossus Pragensis. Der Prager Groschen und seine Teilstücke. 1300–1547. Braunschweig 1973
18. H. U. Geiger: Der Beginn der Gold- und Dickmünzenprägung in Bern. Bern 1968
19. H. U. Geiger: Schweizerische Münzen des Mittelalters. Bern 1973
20. H. E. v. Gelder: De Nederlandse Munten. 500–1964. Antwerpen 1968
21. J. Rengjeo: Corpus der mittelalterlichen Münzen von Kroatien, Slawonien, Dalmatien und Bosnien. Graz 1959
22. Hobson/Nathorst-Böös: Münzkatalog Skandinavien 1534 bis heute. München 1971

Taler

1. J. S. Davenport Europeans Crowns 1484–1600. Frankfurt/M. 1985. German Talers 1500–1600. Frankfurt/M. 1979.
   German Church and City Talers 1600–1700. Galesburg (USA) 1976.
   German Secular Talers 1600–1700. Frankfurt/M. 1976.
   Europeans Crowns 1600–1700. Galesburg (USA) 1974.
   German Talers 1700–1800. London 1965.
   Europeans Talers 1700–1800. London 1964.
   German Talers since 1800. London 1964.
   Europeans Crowns an Talers since 1800. London 1964.
2. C. Schwalbach: Die neueren deutschen Taler, Doppeltaler und Doppelgulden vor Einführung der Reichswährung. Lübeck 1967. (Keine aktuellen Bewertungen.)

3. N. Thun: Deutsche Taler, Doppelgulden, Doppeltaler von 1800 bis 1871. Frankfurt 1979.
4. Arnold/Küthmann/Steinhilber: Großer Deutscher Münzkatalog von 1800 bis heute. Battenberg, München 2002. (Mit aktuellen Bewertungen.)
5. E. Clain-Stefanelli: Münzen der Neuzeit. Die Geldgeschichte von 1500 bis 1800
6. K. Jaeger: 12 Einzelbände der deutschen Staaten. Basel 1966 bis 1977
7. H. Kahnt: Die deutschen Silbermünzen 1800–1872. Regenstauf 2000

Moderne Münzen aus aller Welt (19. und 20. Jahrh.)

Da von fast jedem Land mehrere Bücher angeboten werden, müssten hier mehr als 100 empfehlenswerte Spezialarbeiten genannt werden. Bei Händlern oder Sammeltreffen (auch beim Verfasser) sind spezielle Titel in Erfahrung zu bringen. Nachfolgend sind nur die wichtigsten Standardwerke des Bereichs »Münzen aus aller Welt« aufgeführt.

1. G. Schön/J. F. Cartier: Weltmünzkatalog des 19. Jahrhunderts. Battenberg, München 2000
2. G. Schön: Weltmünzkatalog des 20. Jahrhunderts. Battenberg, München 2002
3. Ch. L. Krause/C. Mishler: Standard Catalog of World Coins. Ca. 1801–1992. Iola (USA) 2001 (Mit Prägemengen je Jahrgang und Wertangaben in drei Erhaltungen.)
4. W. D. Craig: Coins of the World. 1750–1850. Racine (USA) 1976
5. R. S. Yeoman: Catalog of Modern World Coins. 1850–1964. Racine (USA) 1983
6. R. S. Yeoman: Current Coins of the World. Ab 1945. Racine (USA) 1988
7. H. Dietzel: Die Münzen Europas ab 1945, Braunschweig 1991
8. H. Dietzel: 25 Einzelkataloge europäischer Länder. Berlin 1971–1976

9. H. Dietzel: 9 Einzelkataloge außereuropäischer Länder (Australien, Israel, Japan, Kanada, Mexiko mit Mittelamerika, Südliches Afrika, USA, Britische Gebiete in Asien, Türkei). Berlin 1971–1976

10. Herbert Rittmann: Moderne Münzen. Gesamtdarstellung der Geld- und Währungsgeschichte seit 1800, Battenberg, München 1974

11. G. Schön: Ecu-Katalog, Battenberg, Augsburg 1993.

12. G. Schön: Euro-Münzkatalog, Battenberg, München 2002

Motiv-Sammlungen

1. Ph. R. Gaettens: Warum und wie sammelt man Münzen und Medaillen? Halle/Saale 1926

2. J. Brettauer: Katalog der Sammlung »medicina in nummis«. Wien 1937

3. O. Bernard: Griechische und römische Münzbilder in ihren Beziehungen zur Geschichte der Medizin. (1926) Nachdruck Amsterdam 1971

4. D. A. Wittop-Konig: Pharmazeutische Münzen und Medaillen. Frankfurt 1972

5. H. Ferner: Anatomia in nummis. München 1972

6. G. Kisch: Recht und Gerechtigkeit in der Medaillenkunst. Heidelberg 1955

7. Br. Kisch: Judaica in Nummis. *Historia Judaica,* Vol. VII, Nr. 2, p. 135–158

8. N. Herkner: Die Münzen des Kirchenstaates (1700–1870). 2 Bände. Berlin 1974–1975

9. J. Y. Akermann: Numismatic Illustrations of the New Testament. Chicago 1966

10. Kl. Eccardt: Herrscher der Welt. Lexikon aller Regenten seit 3400 vor Chr. München 1968

11. M. Wilberg: Regententabellen sämtlicher Herrscher aller Länder und Zeiten. (Frankfurt/Oder 1906) Nachdruck Graz 1962

12. J. Babelon: Dauernder als Erz. Das Menschenbild auf Münzen und Medaillen von der Antike bis zur Renaissance. Wien 1958

13. K. Lange: Charakterköpfe der Weltgeschichte. Münzbildnisse aus zwei Jahrtausenden. München 1949
14. G. Fuchs: Architekturdarstellungen auf römischen Münzen der Republik und der frühen Kaiserzeit. Berlin 1969
15. F. Kirchheimer: Die Bergbau-Gepräge aus Baden-Württemberg. Freiburg 1967
16. F. Spruth: Die Bergbauprägungen der Territorien an Eder, Lahn und Sieg. Bochum 1974
17. K. Vogelsang: Ausbeute- und Bergwerksmünzen und Medaillen der Sammlung Vogelsang. Nachdruck des Auktionskataloges Gaettens von 1925. Meerbusch 1971
18. A. v. Ziegesar: Tiermotivkatalog. München 1970
19. O. Bernard: Pflanzenbilder auf griechischen und römischen Münzen. Eine naturwissenschaftlich-numismatische Studie. (1924). Nachdruck Amsterdam 1971
20. Hoesch-Grasser: Jagddarstellungen auf Münzen und Medaillen. Hamburg/Berlin 1969
21. H. Boltshauser: Schweizer Musikermedaillen. Freiburg i. Br. 1970
22. P. Niggl: Musiker-Medaillen. Hofheim 1965
23. P. Niggl: Große Dirigenten auf Medaillen. München 1967
24. U. Schreier: Olympia-Münzen – einst und jetzt. Baden-Baden 1972
25. J. Eberhardt: Olympiamünzen der Neuzeit und Antike. Berlin 1971
26. O. Flämig: Monogramme auf Münzen, Marken, Zeichen und Urkunden. Braunschweig 1968
27. Schwarz-Winklhofer/Biedermann: Das Buch der Zeichen und Symbole (mit vielen Herrscher-Monogrammen). Graz 1972

Primitivgeld (vormünzliche Zahlungsmittel)

1. A. H. Quiggin: Survey of Primitive Money. London 1949
2. G. Aumann: Primitives Geld. Vormünzliche Zahlungsmittel. Coburg 1974
3. J. Deutsch: Die Zahlungsmittel der Naturvölker in Afrika. Marburg 1957

4. Th. Helmreich: Das Geldwesen in den deutschen Schutzgebieten. Fürth 1912–1915
5. O. Schneider: Muschelgeldstudien (Mit vielen Sorten Primitivgeld). Nachdruck von 1905
6. Wilh. Gerloff: Entstehung des Geldes und die Anfänge des Geldwesens: Frankfurt 1947

Belagerungs- und Notmünzen

16. bis 18. Jahrhundert

1. P. Mailliet: Catalogue descriptif des Monnaies obsidionales et de Nécessité avec Atlas. Not- und Belagerungsmünzen der ganzen Welt. (1870) Nachdruck o. J.
2. A. Brause-Mansfeld: Feld-, Not- und Belagerungsmünzen. 2 Bände. Berlin 1896–1902
3. R. Götze: Landau. Notmünzen, die während der Belagerung 1702 und 1713 geschlagen wurden. Nürnberg 1961
4. H. Ehrend: Die vier Belagerungen von Landau auf Münzen und Medaillen. Speyer 1972
5. H. Ehrend: Die Frankenthaler Notmünzen im 30-jährigen Kriege. Speyer 1972

20. Jahrhundert

1. W. Funck: Die Notmünzen der deutschen Städte, Gemeinden, Kreise, Länder etc. Amtliche Ausgaben 1916–1921. Im Anhang Notmünzen 1922 bis 1924 und Notmünzen nach dem Zweiten Weltkrieg. Münster 2000
2. H. Jansen: Das Deutsche Notgeld. Offizielle Notmünzen von 1915–1923. 7 Hefte aus der Schriftenreihe »Die Münze«. Berlin
3. H. Meyer: Das Deutsche Notgeld. Private Notmünzen von 1915–1923. Aus der Schriftenreihe »Die Münze«, Berlin
4. R. A. Lamb: Catalogue of German War Tokens. Kommunale Ausgaben von 1914–1921. Tucson 1966
5. R. Upton: Emergency Coins of Germany. Offizielle und private Prägungen von 1914–1923. Sidney 1970
6. R. Götze: Das Notgeld der Stadt Konstanz 1923. Konstanz 1972

7. A. Peisker: Das Berliner Notgeld von 1914–1924. Berlin 1972
8. W. Sobotta: Geschichte des Goslarer Notgeldes, 1916–1923. Berlin 1973
9. H. Meyer: Katalog der französischen Notmünzen aus der Zeit des Ersten Weltkrieges bis etwa 1931. Berlin 1977
10. W. Hasselmann: Die privaten deutschen Notmünzen, Regenstauf 2000

Porzellangeld

1. K. Scheuch: Münzen aus Porzellan und Ton. Krumbach 1972
2. O. Franke: Münzen aus Porzellan, Steinzeug und Ton. Berlin 1975

Goldmünzen

Kataloge

1. R. Friedberg: Gold Coins of the World. Complete from 600 A. D. to the Present. New York 1976 (Bewertung in US-Dollar)
2. H. Schlumberger: Goldmünzenkatalog Europa seit 1800. München 1997 (Bewertung in DM)
3. B. Hobson: Historic Gold Coins of the World from Croesus to Elizabeth II. Bewertung in US-Dollar. 1973
4. Clain-Stefanelli: Russian Gold Coins (Goldmünzen Russlands). 1962
5. A. Delmonte: Le Bénélux d'Or (Goldmünzen der Benelux-Staaten). Amsterdam 1964
6. J. Guinovart: El Oro Espanol (Goldmünzen Spaniens). Barcelona 1970
7. F. Kirchheimer: Katalog der Deutschen Flussgold-Gepräge. Freiburg 1972
8. Divo/Schramm: Die deutschen Goldmünzen von 1800–1930. Zürich 1994

Allgemeines über Goldmünzen

Deutsche Bundesbank: Mittelalterliche Goldmünzen in der Münzsammlung der Deutschen Bundesbank. Frankfurt 1982

G. Probszt: Goldmünzen. Braunschweig 1963

H. Kochs: Geprägtes Gold. Geschichte und Geschichten um Münzen und Medaillen. Stuttgart 1967

Antike Goldmünzen

1. M. v. Bahrfeldt: Die römische Goldmünzenprägung während der Republik und unter Augustus. Neudruck Aalen 1972
2. M. Schlüter: Goldmünzen der römischen Kaiserzeit. Hannover 1967
3. J. K. Jenkins/Lewis: Carthaginian Gold and Electrum Coins. London 1963
4. R. D. Beresford-Jones: A Manual of Anglo-Gallic Gold Coins. London 1964
5. K. Castellin: Die Goldprägungen der Kelten in den böhmischen Ländern. Graz 1965

Münzen erkennen und bestimmen

Abkürzungen auf Münzen

1. W. Holtz: Abkürzungen auf Münzen. Braunschweig 1972
2. W. Rentzmann: Numismatisches Legenden-Lexikon. (1865/66) Nachdruck Essen 1972
3. Schlickeysen-Pallmann: Erklärung der Abkürzungen auf Münzen der neueren Zeit, des Mittelalters und des Altertums. (1896) Nachdruck Graz 1961
4. A. Wenzel: Auflösung lateinischer Legenden auf Münzen und Medaillen in deutscher und englischer Sprache. Braunschweig 1974
5. Hans Meyer: Kennen Sie diese deutsche Münze? Kleine Hilfe für die Bestimmung älterer Münzen. Berlin 1974

Heraldik und Monogramme

1. Neubecker-Rentzmann: Wappen-Bilder-Lexikon mit über 9000 Wappenbildern von Ländern und Städten der ganzen Welt. Von der Antike bis zur Gegenwart. München 1974
2. W. Rentzmann: Numismatisches Wappenlexikon des Mittelalters und der Neuzeit mit 8400 Wappen. (Berlin 1876) Nachdruck Osnabrück 1967

3. C. A. Volborth: Heraldik aus aller Welt in Farben mit 998 Abbildungen. Berlin 1972
4. Joh. Siebmacher: Wappen-Buch mit 15 000 in Kupfer gestochenen Wappen. Nachdruck von 1701/05 (bis 1772 erweitert). München 1975
5. O. Flämig: Monogramme auf Münzen, Marken, Zeichen und Urkunden. 2467 gezeichnete Monogramme. Braunschweig 1968
6. Schwarz-Winklhofer/Biedermann: Das Buch der Zeichen und Symbole. Graz 1972 (Auch mit Herrscher-Monogrammen und Zeichen für Münzen.)

Münzfälschung

1. H. Voigtländer: Falschmünzer und Münzfälscher. Geschichte der Geldfälschung aus zweieinhalb Jahrtausenden. München 1976
2. Georg F. Hill: Becker the Counterfeiter. London 1924–25
3. J. N. Svoronos: Christodoulos the Counterfeiter. Chicago 1975
4. Brunetti: Opus Monetale Cigoi. Eine Monographie über den Münzfälscher Luigi Cigoi aus Udine (1811–1875). Bologna 1966
5. M. Pinder: Die Becker'schen falschen Münzen. Berlin 1843
6. A. v. Steinbüchel: Die Becker'schen falschen Münzstempel. Wien 1836
7. H. Ehrend: Karl Wilhelm Becker – ein genialer Münzfälscher. Speyer 1970

Allgemeine Münzkunde

1. F. Friedensburg: Die Münze in der Kulturgeschichte. (Berlin 1926) Nachdruck München 1972
2. A. Luschin von Ebengreuth: Allgemeine Münzkunde und Geldgeschichte des Mittelalters und der neueren Zeit. (München 1926) Nachdruck München 1976
3. H. Gebhardt: Numismatik und Geldgeschichte. Heidelberg 1949
4. T. Kroha: Münzen sammeln. Ein Handbuch für Sammler und Liebhaber. Klinkhardt & Biermann. Braunschweig 1975

5. Clain-Stefanelli/Schön: Das große Buch der Münzen und Medaillen mit Münzkatalog Europa von 1900 bis heute. Battenberg, Augsburg 1991

6. H. Grote: Münzstudien. 9 Bände (Leipzig 1857–1877) Nachdruck Graz 1969

7. J. Porteous: Münzen. Erlesene Liebhabereien. Ariel, Frankfurt, Stuttgart 1970

8. J. Porteous: Münzen. Geschichte und Bedeutung in Wirtschaft. Politik und Kultur. Frankfurt 1971

9. G. Probszt: Wesen und Wandel der Münze. Klinkhardt & Biermann. Braunschweig 1963

10. L. Veit: Das liebe Geld. Zwei Jahrtausende Geld- und Münzegeschichte. Prestel, München 1969

11. H. Rittmann: Auf Heller und Pfennig. Die faszinierende Geschichte des Geldes und der wirtschaftlichen Entwicklung in Deutschland. Battenberg, München 1976

12. H. Joswig: Das Geld. Urania, Leipzig, Jena, Berlin 1968

13. C. D. Grupp: Geld zu jeder Zeit. Geschichten vom Geld am Rande der Geschichte. Köln 1972

14. E. Nau: Epochen der Geldgeschichte. Stuttgart 1972

15. E. Nau: Seit Jahrtausenden begehrt. Stuttgart 1959

16. H. Wagenführ: Der goldene Kompass. Vom Werden und Wandel des Geldes. Stuttgart 1961

17. K. Walker: Das Geld in der Geschichte. Die Geschichte des Münzwesens im Spiegel der Kulturen. Lauf/Nürnberg 1959

18. Fr. v. Schrötter: Wörterbuch der Münzkunde. (Berlin, Leipzig 1930) Nachdruck Berlin 1970

19. H. Rittmann: Deutsches Münzsammler-Lexikon. Battenberg, München 1977

20. T. Kroha: Lexikon der Numismatik. Bertelsmann, Gütersloh 1997

21. D. Faßbender: Lexikon für Münzsammler, Battenberg, München 1991

22. K. Chr. Schmieder: Handwörterbuch der gesamten Münzkunde für Münzliebhaber und Geschäftsleute. (1876) Nachdruck Hildesheim 1964

23. H. Krause: Numismatisches Wörterbuch – Deutsch-Englisch und Englisch-Deutsch. München 1971

24. W. Grasser: Deutsche Münzgesetze 1871–1971. Battenberg, München 1971

25. Dreher/Kanein: Der gesetzliche Schutz der Münzen und Medaillen. München 1975

26. Acht Numismatiker: Wie ich zum Sammeln kam. Münzsammler berichten. Battenberg, München 1972

27. E. Samhaber: Das Geld – Eine Kulturgeschichte. Bayreuth 1976

Register

Internetadressen

Münzhandel

Astarte SA, Lugano	www.astartesa.com
Athina SA, Genève	www.athina.ch
Berk, Chicago/USA	www.harlanjberk.com
Berliner Münzauktion, Berlin	www.berlinermuenzauktion.de
Beutler, Calw	www.muenzwert.de
Beutler, Calw	www.beutler-muenzen.de
Birk, Wangen	www.birk-wangen.de/Muenzen
Bush, Hamden/USA	www.commem.com
Carl, Aalen	www.wcarl.de
CNG, Lancaster	www.historicalcoins.com
Coin Invest Trust, Vaduz/Li	www.coin-invest.li
Coinsite & Sellcoins, Florida/USA	www.coinsite.com
Dietrich, Zürich	www.numismatik.ch
Dorotheum, Wien	www.dorotheum.com
Dylla, Bochum	www.muenzen-dylla.de
El-Attar, Oberhausen	www.el-attar.de
El-Shorbagy, Essen	www.mel-muenzhandel.de
Elsen, Brüssel	www.elsen.be
Emporium, Hamburg	www.emporium-hamburg.com
Felzmann, Düsseldorf	www.felzmann.de
Formann, Wien	www.numismatik-formann.com
Frankfurter Münzhandlung, Frankfurt/M.	www.ubs.com/numismatics
Franquinet, Crailsheim	www.franquinet.de
Frenzel, Lensahn	www.ostholstein.de/mexiko-muenzen
Gans, Arnsberg	www.wag-auktionen.de
Gillio-Chairman, Santa Barbara/USA	www.longbeachshow.com
Goede, Waldaschaff	www.goede.de
Gorny & Mosch, München	www.gmcoinart.de
Greiser, Hannover	www.greiser.de
Haberhauer, Herford	www.muenzen-haberhauer.de
Häberling, Zürich	www.swisscoin.ch
Halbedel, Salzburg	www.numismatik.at
Hardelt, Kaiserslautern	www.muenzen-hardelt.de
Heinrich, Braunschweig	www.netcity.de/heinrich
Helmig, Dissen	www.muenzenversand.de
Hercher, Umkirch/Freiburg	www.herchermuenzen.de
Heritage CC, Dallas/USA	www.heritagecoin.com
Herkules, Bremen	www.herkules-muenzen.de
Hess + Divo, Zürich	www.hessdivo.com
Hiltbrunner, Aesch	www.gocoins.ch
Hirsch, München	www.coinhirsch.de

Höhn, Leipzig	www.numismatik-online.de
Honscha, Isernhagen	www.muenzen.net
Honscha, Isernhagen	www.honscha.de
Jacquier, Kehl	www.coinsjacquier.com
Janssens, Lenggriess	www.numismat.de
Jörg, Saulgau	www.joerg-numismatik.de
Kleiner, Heimsheim	www.kleiner-muenzen.de
Knopek, Köln	www.muenzhandel.de
Kobylka, Schauenburg	www.kobylka.de
Kohl, Dresden	www.kohl-numismatik.com
Kovacic, Wien	www.muenzenzentrum.com
Künker, Osnabrück	www.kuenker.de
Künstner, Wien	www.internumis.at/kuenstner
Kupersky, Wetzlar	buerger.metropolis.de/kupersky
Kurzbach, Wetter	www.muenzen-kurzbach.de
Lanz, Graz	www.lanz.at
Lanz, München	www.numislanz.de
Leu, Zürich	www.leu-numismatik.com
Linnartz, Köln	www.muenzen-linnartz.de
Majestic, Großostheim	www.majestic-antike.de
Mandusic, München	www.numismatic.de
Matthies, Hamburg	www.muenzen-matthies.de
MDM, Braunschweig	www.mdm.de
MDM, Braunschweig	www.muenze.de
Meier, Hiddenhausen	www.muenzenversand. purespace.de
Mevius, Vriezenveen/NL	www-mevius.nl
Mietens, Salzgitter	www.mietens.de
Möller, Espenau	www.muenzen-moeller.de
Moneta Nova, Bremen	www.moneta-nova.de
Müller, Knittlingen	www.mawimu.de/Munzen/ munzen.shtml
Müller, Solingen	www.muenzzentrum.de
Münzgalerie Dombrowski, München	www.muenzgalerie.de
Münzkabinett Zürich AG	www.muenzkabinett-zuerich.ch
Nass, Gersfeld	www.muenzhandel-nass.de
Neugebauer, Menden	www.china-coins.com
Neumann, Günzburg	www.neumann-muenzen.de
Norrttälje Mynthandel, Norrtälje/S	www.nmh-mynt.a.se
Nova Marketing SA, Chiasso	www.novamarketing.ch
Numismatica Ars Classica AG, Zürich	www.arsclassica.ch
Olding, Osnabrück	www.manfred-olding.de
Paslack, Friedrichshafen	www.apa-numismatik.li
Pegasi Numismatics, Ann Arbor/USA	www.pegasionline.com
Peus Nachf., Frankfurt/M.	www.peus-muenzen.de
Plesa, Frankfurt/M.	www.antike-muenzen.de

Raiffeisen Landesbank, Linz	www.rlbooe.at/muenzhandel
Rauch, Wien	www.hdrauch.com
Reppa, Pirmasens	www.reppa.de
Rippel, Berlin	www.numisphila.de/ muenzangebot.htm
Ritter, Düsseldorf	www.muenzen-ritter.de
Rittig, Schwelm	www.muenzen-rittig.de
Rudd, Norfolk/GB	www.celticcoins.com
Sauer, Petersberg	www.sauer-muenzen.com
Schilke, Hannover	www.asmuenzen.de
Schimmer, Nürnberg	www.schimmer.de
Schoeller, Wien	www.schoeller-muenzhandel.at
Schön, München	www.nomisma.com
Schwaighofer, Salzburg	www.antiquitaeten-schaighofer.at
Sieger, Lorch	www.sieger.de
Siewert, Bochum	www.muenzen-siewert.de
Sixbid-Auktionsgemeinschaft	www.sixbid.com
Sommer, Hanau	www.briefmarken-sommer.de
Spink, London	www.spink-online.com
Steidl, Dresden	www.muenzen-steidl.de
Steiermärkische Bank	www.bank-styria.co.at
Sternberg, Zürich	www.sternberg.ch
Strothotte, Gütersloh	www.muenzen-strothotte.de
Szaivert, Wien	members.magnet.at/ numismatik_eva_szaivert
Tiegs, Spremberg	www.spreeneisse-online.net/ firmen/tiegs
Tietjen, Hamburg	www.tietjen-hamburg.de
Tschimmel, Osterhofen	www.monetarium.de
UBS, Basel und Zürich	www.ubs.com/numismatics
Wassmann, Wedemark	www.wassmann-coins.de
Weiser, Frankfurt/M.	www.stampmaster.de
Weiß, Radebeul	www.rdbl.de/asia
Welcher, Karlsruhe	www.numis-versand.de
Weywoda, Wien	www.weywoda.at
Württembergische Bank, Stuttgart	www.bw-bank.de
Zylka, Wuppertal	www.muenz-zylka.de

Münzalben und -kästen

Lindner Falzlos-GmbH, Schömberg	www.lindner-falzlos.de
SAFE, Bempflingen	www.safe-album.de
Schaubek, Großlehna	www.schaubek.de

Münzbörsen

Numismata, Berlin	www.numismata.de
Numismata, Berlin u. München	www.numismata-modes.de
Westfäl. Münzbörse, Dortmund	www.westfalenhallen.de

Nobis-Börsen   www.nobis-online.de
Polster & Rutsch, Hamburg   www.polster-rutsch.com

Münzbuch-Verlage
Battenberg Verlag, München   www.battenberg.de
Gietl Verlag, Regenstauf   www.gietl-verlag.de
Strothotte, Gütersloh   www.muenzen-strothotte.de

Münzbücher
Künker, Osnabrück   www.kuenker.de
Müller, Solingen   www.muenzzentrum.de
Münzgalerie, München   www.muenzgalerie.de
Weiermüller, Köln   www.unverzagt.net/weiermueller
Schön-Buchversand, München www.nomisma.com

Münzen-Online-Foren
Honscha, Isernhagen   www.muenzen.net/forum/
                      wwwboard.html
Numisweb   www.numisweb.de
Treffpunkt der Münzensammler www.muenzsammler.net
Internet Kommunikationszentrum www.inkoze.de/numkom
  f. Numism.
Sammlertraum   www.sammlertraum.de
Interaktionsforum für Münzsammler www.muenzen-markt.net

Münzen-Zubehör
Bosse, Kassel   www.mineral-bosse.de
Kern-Münzwaagen   www.kern-sohn.com
Kosel-Münzzubehör, Österreich www.kosel.at

Münzmuseum
Deutsche Bundesbank, Geldmuseum www.deutsche-bundesbank.de
Schweizerisches Landesmuseum www.moneymuseum.com

Münzprägestätten u. Münzausgabe
Hamburgische Münze, Hamburg www.muenzehamburg.de
Staatliche Münze, Berlin   www.berlin.de/home/Land/
                      SenFin/Muenze/index
Poellath, Münz- und Prägewerk www.poellath.via-appia.de
BSV, Verkaufsstelle für   www.bsv.de
  Sammlermünzen
Deutsche Bundesbank, Frankfurt/M. www.deutsche-bundesbank.de

Münzsammler
M. M. Winkerl   www.muenzensammler.de
Roman Schneider   home.t-online.de/home/
                      romanschneider

Dieter Fassbender   www.dieter-fassbender.de
Dietrich Haß   members.aol.com/Dieti10/
                             index.htm
Holger Carstensen   home-t-online.de/home/
                             Carstensen.Holger

Münzsammlervereine
Eifeler Münzfreunde   www.eifeler-muenzfreunde.de
Münzfreunde im Hochsauerland   www.muenzfreunde.de
Numismat. Verein Stollberg   nvs.webjump.com
Krefelder Münzfreunde   www.krefeld-
                                        city.de/vereine/muenzfreunde
Münzfreunde Usinger Land   www.muenzfreunde-
                                        usingerland.de
Neubrandenburger Münzverein   www.nb-muenzverein.de
Numismat. Gesellschaft Kassel   www.muenzverein-kassel.de
Flensburger Münzensammlerverein   internet.exit.mytoday.de/
                                        muenzverein/index.html

Münzverbände
Verband der Deutschen Münzhändler   www.muenzenhandel.de
Verband der Deutschen Münzhändler   www.vddm.de
Berufsverband des Dt.   www.muenzenverband.de
  Münzenfachhandels
Verband Schweizer Münzenhändler   www.vsm-ch.org
Verband der Österreichischen   www.univie.ac.at/Numismatik/
Münzhändler   verband.htm

Münzzeitschriften
moneytrend   www.moneytrend.at
Münzen Revue   www.gietl-verlag.de
Münzen & Papiergeld   www.gietl-verlag.de
Numis-Post   www.numis-post.ch